GIUSEPPE BARRA

IMMORTALITÀ DELL'ANIMA

Come Scoprire L'Unicità Dell'Anima e Fare Della Tua Vita Un Capolavoro

Titolo

"IMMORTALITÀ DELL'ANIMA"

Autore

Giuseppe Barra

Editore

Bruno Editore

Sito internet

http://www.brunoeditore.it

Sommario

Prefazione   pag. 5

Capitolo 1: L'importanza della vita   pag. 7

Capitolo 2: Il viaggio della tua coscienza   pag. 33

Capitolo 3: La ricerca dei colori della verità   pag. 54

Capitolo 4: Il coraggio di evolversi   pag. 69

Capitolo 5: Come vivere un'altra vita   pag. 96

Conclusione   pag. 109

Prefazione

Per moltissimi anni ho cercato di rispondere alle domande "Chi sono?", "Perché vivo?", "Perché proprio io?", "Cos'è la vita e perché e per quanto?". Ogni possibile risposta era una *non risposta*, perché guidata dalla mente e dalla ragione. Ma anche ragionando da e col cuore, il risultato cambiava di poco. Un giorno il mio cammino ha incontrato un nuovo cammino e le risposte, poco dopo, sono arrivate, semplicemente.

Difficile poter dare delle spiegazioni su come accade, ma quando sembrava svanire ogni possibilità di futuro migliore l'ascolto di guide spirituali in ogni minuto del giorno e della notte si intensificava sempre di più, e a ogni rapporto con amici, conoscenti, parenti e nemici sembrava di vivere una vita ragionevolmente vissuta con una tale pienezza che si rafforzava l'entusiasmo dell'incontro unificato di anime.

Questo è il racconto di quell'incontro, del momento in cui ho guardato la mia vita e ho colto il miracolo della mia esistenza,

5

del momento in cui, mettendo fine al chiacchiericcio continuo della mente, mi sono aperto alle nuove percezioni che si sono risvegliate dentro di me, per iniziare a comprendere che ogni cosa è già in me e che in me vi sono le risposte eterne all'unica domanda possibile: cos'è importante per la vita?

Ho compreso che nell'anima c'è la chiave del tutto, la mia chiave e quella di coloro che incontrerò nella vita e anche di coloro che mai incontrerò, per un meraviglioso e incredibile motivo: che l'anima è unica e una soltanto. In essa tutti confluiamo per costituire una grande unità inscindibile. Siamo parte dell'Universo e in esso possiamo generare nuove speranze di vita e nuova felicità, in un equilibrio perfetto tra sofferenza e gioia, tra vita e morte.

Lascia che ti prenda per mano e che ti guidi in questo percorso che ti porterà verso la conoscenza di te stesso, che ti condurrà attraverso le nebbie dell'oblio alla meta finale, ad accendere le luci della vittoria sullo splendido capolavoro della tua vita. Lasciati accompagnare affinché io ti possa mostrare come ho iniziato a condurre la vita, senza farmi condurre dalla vita. Abbi fiducia, ti spiegherò come fare, un passo alla volta.

Capitolo 1:
L'importanza della vita

Che cos'è importante per la vita, subire oppure ricevere?

Si tratta di due espressioni molto diverse tra di loro e sembra impossibile dare importanza maggiore all'una o all'altra. Entrambe, infatti, fanno parte della tua vita e solo tu puoi scegliere se coniugare l'una o l'altra.

Lascia che ti spieghi meglio.

Il *subire* è la volontà di accettare quello che viene dall'esterno, non contemplando assolutamente tutto ciò che potrebbe essere donato da qualsiasi altra sensazione che è già dentro di te.

È accettare, non si sa fino a quando e per quanto tempo, che giunga per te il momento di poter dare. Usando il tempo a tua discrezione, il subire è l'attesa di poter finalmente ricevere.

Il *ricevere*, invece, che non si identifica sempre con una qualche positiva forma di vita, ovvero nella capacità di riconoscere la giusta azione, può ben uniformarsi anche a un certo tipo di giustizia che, seppure non creatasi esclusivamente dentro di te, dall'esterno giunge come un dono.

La scelta tra le due definizioni puoi compierla solo attraverso una continua contemplazione del tuo essere, perché la contemplazione realizza e dà una conoscenza sempre maggiore di quanto grande sia il tuo reale subire nel momento in cui accetti passivamente tutto ciò che accade nella tua vita quotidiana.

Alcuni pensano che possano dare la giusta importanza alla loro vita, realizzando alcuni punti della loro esistenza, soffermandosi esclusivamente su quegli aspetti ritenuti più degni di rilievo: l'amore, l'amicizia, la famiglia, la casa, il lavoro, i figli.

Dimenticano, in questo modo, le possibilità che hanno a disposizione di designare un'infinita forma di sopravvivenza, del dono immenso che hanno ricevuto di poter dare un motivo costante e continuo all'importanza del vivere.

Per quale motivo, invece, per cosa, per chi restano lì, da soli, a subire ogni azione, negando, a volte senza neanche accorgersi di non voler dare un motivo, una giustificazione, un desiderio al vivere?

Quell'insoddisfazione, quell'infelicità che, come essere umano, senti esplodere nel tuo cuore, in quell'azione inconscia e passiva del subire trova il suo nutrimento e la sua forza. È come morire poco alla volta, in ogni giorno, in ogni ora, in ogni minuto, in ogni attimo della vita.

E non sto parlando di coloro che pensano realmente alla fine della loro vita o di coloro che, vissuta inutilmente quella attuale, stanno già pensando a quello che diverranno nella prossima, continuando a subire nient'altro che quello che è il presente.
Parlo di coloro che credono fermamente di vivere soffocando, invece, poco alla volta, ogni reale sogno e desiderio.

Non è questo il giusto comportamento, non potrai mai rispondere alla domanda "Cos'è importante per la vita?" continuando a subire il tuo eterno presente.
Se vorrai definire la vita, se vorrai davvero scoprire cos'è la vita,

dovrai vivere assolutamente in un non respiro, come in una continua apnea, per comprendere, forse, qualcosa in più su ciò che è il vero desiderio.

E non il desiderio effimero dell'avere, del possedere, del compiere azioni su azioni, con sempre maggiore affanno quotidiano. È il desiderio della vita, della percezione, della contemplazione di sé l'unico in grado di poter realizzare l'importanza della tua vita.

È importante che tu conosca e riconosca come vive una persona senza desideri, senza quei desideri. I desideri effimeri vengono distrutti continuamente dalla tua erronea percezione della vita, che pure ti lascia credere di non sognare più nulla, che annienta ogni tua possibilità di ricevere e non di subire.

Continui a vivere con questo continuo logorroico modo di parlare, con questo ininterrotto chiacchiericcio che è dentro di te e che non lascia spazio alcuno alla tua reale percezione, che sia visiva o fattiva, che annienta quanto altro di infinito possano regalarti i tuoi sensi, gli unici a dare uno spazio maggiore a quello di cui è fatta la vita stessa.

Il sapore della vita non ha assolutamente il gusto del *non vivere* ma cerca, in qualche modo e sempre, di rivestirsi di quella luce che, continua e imperitura, si staglia di fronte a te.

Se non ti accorgi di questa luce, se tutto il tuo essere non cerca questa luce, l'unica che può darti la speranza più grande di vivere senza subire quello che è esterno a te e che non è frutto della tua reale percezione, allora si interrompe il tutto, allora puoi iniziare ad avere il grande sospetto che stai vivendo la vita di qualcun altro, che stai vivendo la possibile vita di qualcuno che non è dentro di te ma che è fuori di te, lontano dalla tua vera percezione.

E ancora, ti è mi capitato, in qualche periodo della tua vita, di continuare a vivere la vita degli altri e non più la tua? Ti sei domandato questo? Ti sei chiesto se la tua vera vita esiste soltanto nel momento in cui sei da solo, senza l'influenza degli altri, finalmente libero dal flusso del continuo subire esteriore? Ebbene! Non è questo il reale modo di vivere, non è questo il modo di realizzare ciò che è importante per la vita.

Bisogna saper vivere la propria vita sempre, continuamente,

anche quando si sta insieme agli altri, che non significa trascurarli, ignorarli, evitarli nel timore di subire il loro influsso, ma significa vivere con gli altri, pensando anche agli altri, ma con distacco, con quel distacco reale che non esclude la tua reale percezione della vita. Hai compreso tutto questo?

Perché se hai veramente compreso la vera differenza tra il subire e il ricevere, allora c'è molto da fare, c'è da fare molto in te e in tutti, c'è da fare molto per distaccarti completamente da ciò che fa parte della vita degli altri, per comprendere esattamente quale sarà la tua.

Non devi essere tra coloro che diventano schiavi delle vite altrui, devi essere l'unico condottiero della tua vita, devi essere il condottiero che, avendo compreso quale sia la sua vita, spinge gli altri verso una vita migliore, una vita in cui non può più subire nulla.

Finalmente sei riuscito a comprendere cos'è il subire! Forse, all'inizio, non capivi cosa volesse dire questa parola, dico bene? Pensavi di non essere dentro questo vortice! Non farlo, sii consapevole e impara finalmente a ricevere!

***

CAPOLAVORO N. 1

Ti mostro il primo passo per comprendere la differenza tra subire e ricevere: traccia su un foglio di carta un elenco in base alle tue esperienze di vita.

Cosa ho subito	Cosa ho ricevuto
_____	_____
_____	_____
_____	_____

***

Sono molto contento!

Contento per cosa, ti starai chiedendo. Contento di aver sicuramente aperto una breccia nella tua coscienza, di aver almeno insinuato il dubbio su chi sei o credi di essere realmente.

Probabilmente sarò stato un po' duro con te, ma ho la certezza incrollabile che ci si comprenda meglio tra duri. Perché l'ostinazione fa parte della durezza di carattere, e tu sei ben dotato di queste caratteristiche!

Ma non è questo il momento di spiegare cosa vuol dire essere duri oppure semplicemente rigidi. Tuttavia, vorrai fare attenzione, adesso, perché attingerò alle tue percezioni per darti qualcosa di nuovo, qualcosa che valga per te e per tutti. Sei d'accordo che ciò accada? Beh, se sei giunto fin qui, forse non hai altra scelta!

Ci sono quattro passi nella tua vita. Sei pronto a questo? Sarà molto difficile per te comprendere tutto quello che sto per dirti, ti avverto subito, ma io non sto parlando con te, ricordalo, sto parlando esclusivamente con la tua anima. E ti garantisco che ricorderai, da oggi e per sempre, questo nuovo inizio della tua vita.

Folle forse sono io e folle sei tu che mi hai seguito fino a questo punto, quasi come in una tana da cui non riesci più a uscire! Però hai scelto tu! Soltanto tu!

Puoi sempre decidere di prendere questo libro e gettarlo via, bruciarlo o eliminarlo, e tornare alle tue faccende quotidiane, oppure potrai continuare a leggere e così scoprire quali sono i quattro passi importanti da ricordare nella vita.

Una precisazione, prima di continuare: non ho detto della morte, alla morte arriveremo più avanti. Ho detto *della vita*! Ci tengo a sottolinearlo, perché so benissimo che alcuni sono più interessati alla morte, e forse lo sei anche tu che stai leggendo.

C'è gente che vive tutta la vita cercando di comprendere che cosa sia la morte, ma per comprendere ciò ci sono sette passi da seguire e adesso non è di questo che voglio parlare, perché se non si comprendono i quattro passi della vita, non è possibile comprendere tutto il resto, e tutto il resto, se ci pensi, è solo morte! Non ti fa impazzire di curiosità tutto questo?

È fondamentale conoscere bene quali siano questi quattro passi. Anzi, prima li conoscerai e poi li riconoscerai nella tua vita. E ciò ti cambierà per sempre.
Sei pronto? Anche a rischio della vita? È impossibile "a rischio della vita", se stiamo per conoscere i quattro passi della vita!

Ripeto, i quattro passi della vita sono molto importanti, e posso assicurarti che possono essere spiegati anche velocemente, senza tante parole, come invece è già accaduto in altri libri.

I quattro passi della vita sono molto semplici.

Il primo non si può condurre.

Il secondo non si può vivere.

Il terzo non sarà per te.

Il quarto sarà solo poco prima di viverlo.

È semplice. Se un tempo un filosofo avesse spiegato in modo così semplice la vita sarebbe stato considerato matto, era infatti richiesta molta più complessità. Forse anche oggi si pensa la medesima cosa. Ci sarà infatti già qualcuno che cercherà di capire quale sia l'unico denominatore comune a questi quattro passi, ci sarà qualcun altro che vorrà aggiungerne altri, ma essi sono solo quattro, e non di più!

Il primo passo è: come si conduce la vita?

L'unico modo per condurre la vita è non essere condotti. Semplice! Quindi, tutti coloro che in qualche modo vogliono muoverti in una qualsiasi direzione, tu dovrai eliminarli. Non si tratta ovviamente di ucciderli, perché altrimenti sarebbe una carneficina, e certo non è questo ciò che vogliamo; ma eliminarli dalla tua mente, eliminarli dal tuo cuore, eliminarli dal tuo corpo.

Faccio un esempio per facilitare la via. Perché una coppia va bene? Due innamorati, quando sono innamorati veramente, perché stanno bene? Perché nessuno conduce l'altro! Se uno conducesse l'altro, a breve, quella coppia morirebbe. Sei d'accordo su questo? Qual è il motivo?

Perché io dico a te di venire sulla mia strada, ma non è la tua; se invece ci incontriamo tutti e due sulla stessa strada e a tutti e due piace quel cammino, allora lì ci si può innamorare. E a quegli innamorati non interessa qualsiasi altra persona che sia su quella strada, non interessa quante altre persone dicano, a loro che sono innamorati: "Ma perché prendete questa strada, ma perché non vi fermate, ma perché se siete stanchi non vi riposate, ma non è troppo difficile questa strada per voi?".

A loro non interessa, loro rimangono innamorati sulla loro strada. E non è bella questa cosa? Non è grande questa cosa? Non è vita questa? O è morte? Scegli!
Sono due le cose: o è vita o è morte! Perché se solo qualcuno si permette di cambiare la direzione dell'altro, allora quella è morte. Sei d'accordo?

17

Il secondo passo è: com'è la vita, quant'è la vita per te? Quant'è la vita per me?

Uno vorrebbe quantificare in qualche modo, ogni volta, qualcosa, come se fosse un prezzo da pagare, dei soldi da dare; si vuole quantificare tutto, ogni cosa: quanto sei vecchio tu, quanto sono vecchio io, siamo vecchi uguale, quindi stiamo bene assieme, o forse no?

Oppure nelle amicizie: se lui è giovane e io sono vecchio, quant'è la vita assieme? O nell'amore! La stessa cosa! Sembra impossibile! Eppure questo accade, perché sembra più facile per due giovani o per due vecchi. Giusto? Mi stai seguendo?

Ma se si vuole vivere la vita, non esiste nessun prezzo, nessuna distanza, nessuna misura, niente. Uno che sta nella vita non ama un albero grande solo perché gli dona un'ombra gigante e ama meno un albero piccolo che non gli dà nessun'ombra, perché magari quell'albero piccolo gli darà un frutto da mangiare.

Ogni albero ha il suo frutto, ha la sua capacità: un cactus mi darà solo un fico d'India, non mi darà ombra, ma il suo frutto sarà comunque ugualmente buono; di una quercia non si riesce a mangiare le ghiande, però essa mi darà una grande ombra.

Quindi quant'è la vita, quant'è la tua vita, quant'è la vita dell'altro, si identifica in rapporto a tutto ciò che è vita. Anche rispetto a un animale o a una cosa, conta quanto io rapporto me stesso con tutto ciò che è vita. Se tutto questo è chiaro, sarai portato a non escludere nulla, ad accogliere i frammenti di ogni singolo respiro, a nutrire in te la certezza che tutto ciò che è intorno, dentro e oltre te, è vita, sempre.

Puoi decidere di cambiare subito la tua vita, oppure puoi decidere di restare morto. Ma se abbraccerai la vita nella sua completezza, senza divisioni e senza misurazioni, allora sperimenterai la vera gioia.

Qualcuno ti chiederà qual è la droga che hai utilizzato; tu gli spiegherai solo che hai scelto la vita e che di essa farai ciò che vorrai. Semplice questo, no? È chiaro il secondo punto?
Desideri conoscere il terzo passo della vita o è meglio rinviare a un altro momento? Mi chiedo se tu non sia già stanco. Ma anche

se ciò fosse vero, sono certo che la tua curiosità sarebbe più forte di ogni stanchezza.

Per descrivere il terzo passo ti racconterò una storia molto antica.

Un tempo lontano nei secoli, un gruppo di uomini stava seduto su gradini di pietra a raccontare dell'importanza della vita, dell'importanza degli uomini che vanno a combattere per ottenere un pezzo di terreno in più, di che cosa fosse la morte, della volontà di vivere in modo sempre migliore.

Alcuni dichiaravano di non essere quasi degni di vivere, perché stare su quegli scalini a spiegare che cosa fosse la vita non dava loro onore, poiché solo coloro che andavano a spezzare altre vite sapevano, nel momento in cui prendevano il coltello, lo infilzavano nello stomaco e lo giravano, che cosa fosse esattamente la vita.

Perché quella era la fine della vita di chi avevano di fronte e se quell'atto non lo avesse compiuto uno, lo avrebbe sicuramente fatto un altro. Uno, fra tutti gli astanti, si alzò in piedi furiosamente, cercando di spiegare che la vita non poteva essere compresa attraverso la morte di qualcun altro, di un fratello; che non poteva essere quella la misura idonea alla comprensione dell'esistenza. Ma fu fatto tacere.

Gli fu detto che le sue parole non erano nulla in confronto a quelle dei generali, di quei generali che non si occupavano neppure di uccidere perché conducevano e mandavano altre persone a farlo! E così perivano popoli interi, perché assieme ai guerrieri c'erano anche donne e bambini, ma quello non era importante, perché così i bambini non crescevano e non diventavano uomini, e le donne non nutrivano i loro figli e non davano al mondo altri uomini.

Per gli altri astanti, tutto era normale. Ma quell'unico saggio era addolorato e furioso e triste, e ancor più disperato, perché inutilmente cercava di dare delle spiegazioni convincenti per elevare quelle misere menti. In quel tempo si moriva facilmente, non soltanto durante la guerra, ma anche per il semplice fatto di aver attraversato la strada in modo sbagliato e nel momento sbagliato.

Quel saggio insisteva continuando ad argomentare, perché non era alla morte che voleva dare importanza, ma alla vita, cercando senza tregua di spiegare quali fossero i quattro motivi per cui bisognasse vivere la vita.

Ma gli altri dicevano che tutto quell'argomentare non faceva per lui, perché non riusciva a comprendere che cosa fosse veramente la vita.

Forse oggi le cose vanno un po' meglio, e non per il fatto che non ci siano più guerre, ma perché solo un piccolo numero di uomini pensa ancora che sia necessario morire per comprendere la vita, e ciò rappresenta sicuramente una grande conquista. Tuttavia ancora oggi quanti, pensando di vivere, non si accorgono di continuare a morire, ancor prima di essere veramente morti?

Certamente non tu, né chiunque altro abbia ancora il coraggio di dire che non è degno di vivere perché non combatte gli altri uomini, perché accoglie le differenze, perché crede nella capacità di ciascun essere, perché non si sente in colpa per il desiderio e la volontà di elevare la propria mente e di non essere fermo a tutto ciò che vuole rimanere fermo in questa vita.

La vita è solo movimento. Accetta questo! Non accettare la staticità mentale, non dare importanza solo a chi, in qualche modo, vuole dare un giudizio. Non giudicare te stesso, chi sei tu per giudicare? Dio? Sei Dio? Dio giudica! Tu non puoi farlo. Amareggiati per tutte le volte che lo hai fatto e inizia da oggi un'altra vita.

E non pensare più a quanto hai giudicato con amarezza prima te stesso e poi gli altri, nel tuo passato. Vai avanti, muoviti nella vita e guarda negli occhi gli altri.
E se non hai il coraggio di guardare l'altro negli occhi, è solo perché gli occhi del tuo prossimo riflettono la profondità della tua anima, ricordati questo!

Abbi il coraggio di guardare! Non sfuggire. Non rivolgere lo sguardo altrove. Lascia che lo facciano gli altri. Saranno gli altri a fuggire. Se hai compreso qualcosa oggi, osserva come guardano i bambini, loro sanno già, loro quasi sfidano l'altro!

Ricordi quel gioco in cui ci si guarda negli occhi fin quando uno dei due non smette? Prova a farlo anche tu! E guarda chi smette per primo. Perché quando si diventa grandi, quando si pensa di diventare adulti, dopo i tredici, quattordici anni, si crede che quello sia solo un gioco e si comincia a guardare da un'altra parte al punto da ritenere idiota chi osa guardare negli occhi dell'altro, affrontando quasi con gli occhi pieni di sangue, come a voler uccidere, colui che con il suo sguardo ti ha ucciso dentro.

È duro per te confrontarsi con queste parole, ma credimi, sono dette con amore.

Il quarto punto della vita qual è? Te lo ricordi? Quello che si comprende prima di viverlo. Sai, vorrei spiegarti una cosa importante!

Tutti i geni, tutti coloro che sono stati ricordati nella storia hanno saputo rendere ciò che era arte in esperimento. Tutto ciò che era esperimento in matematica. Tutto ciò che era matematica in tempo divino. Tutto ciò che era in tempo divino in storia. Tutto ciò che era in storia in poesia. Tutto ciò che era in poesia in vita.

Ogni genio, riconosciuto realmente genio dalla storia, si è

occupato sempre di tutto. Mai di una cosa soltanto.

E se tu sei qua adesso, è perché c'è del genio in te. E lo scoprirai a breve!

Tuttavia, se le ombre della morte arrivano, le ombre dell'odio, le ombre della non commiserazione, della non consapevolezza, della non fragilità, nulla di geniale potrà mai accadere in te.

Ricorda che la fragilità è sempre stata in coloro che erano dei grandi studiosi, che tutto sapevano della matematica. E quando qualcuno, di colpo, ha deciso di provare a inventare cose nuove e ha commesso anche degli sbagli studiando, tra le altre cose, i voli degli uccelli, si è compreso che nel volo degli uccelli c'era la storia, dei romani per esempio, che seguivano i movimenti degli uccelli per decidere le guerre da fare, se partire e andare in quel territorio a uccidere altri uomini; e da lì alcuni presero spunto e cantarono le canzoni che resero un poeta ricco e pronto a dare spiegazioni sul fatto che non si doveva parlare della morte provocata da quella guerra, ma della missione di vita verso la conquista di un impero più esteso.

Curiosa questa cosa. Ecco cos'è la vita: un continuo spiegare che la morte non è mai morte. La morte di ogni cosa, di ogni desiderio, di ogni nostra capacità, quando, invece, non esiste una sola capacità che non sia già dentro di noi. Ecco cos'è la vita. Sii anche tu un genio, istruisci te stesso su ogni materia, sbaglia su ogni materia, rinasci su ogni materia!

So che inizi a essere stanco adesso, comprendo, ma sii pieno di vita sempre. Sei d'accordo su questo? E, soprattutto, ti sono piaciuti questi quattro passi?

***

CAPOLAVORO N. 2

- Quarto passo: poco prima di viverlo. Quante volte nella tua vita hai rinunciato?

- Terzo passo: non sarà per te. Quante volte non hai reso possibile qualcosa che poteva essere utile all'umanità?

- Secondo passo: non si può vivere. Quante volte hai rotto l'incantesimo del bisogno umano primario di appartenenza?

- Primo passo: non si può condurre. Quante volte hai reso il tuo corpo, la tua mente, inteso come pensiero, all'innamoramento continuo? Quando hai incontrato quella circostanza in cui nessuno conduce l'altro?

***

Ti sei mai domandato: io chi sono?

Sono certo che tu lo abbia fatto centinaia di volte! E ti sei dato delle risposte? Molto probabilmente non erano mai quelle giuste! Bene, sei pronto a sapere adesso chi sei veramente? E se lo sei, sei pronto a sapere chi sei in questa vita o pensi a qualche altra vita? Perché io ti consiglio di essere pronto in questa!

Tu sei colui a cui piacciono le sfide. Colui che non sa ascoltare neanche sè stesso, per sfidarsi così tanto da rendere difficile anche il suo pensiero, che potrebbe invece essere semplice.

La semplicità non ti piace perché ti fa credere di essere troppo leggero, troppo frivolo o troppo forse… non te stesso.

Il tuo sorriso è una circostanza che usi nello stare insieme a te stesso, ma la vera gioia non è questa.

Vorresti dare e mai ricevere. Pensi di non essere degno di ricevere, ma quando qualcuno non si accorge di te richiedi più di quanto ti viene dato.

Sai essere sicuramente un uomo di fiducia seppur fede non hai in te stesso, un uomo di grazia se pur gentile non sei con te stesso, un uomo superbo seppur chiedi a volte un po' troppo.

Sai essere Dio ma non credi in lui abbastanza.
Sai amare ma non sai ancora leggere quello che l'amore ti vuol dare.

Potresti un attimo essere felice, ma la felicità non è la bandiera più alta che tieni dentro il tuo cuore.
Vorrei ringraziarti ma pensi che il mio grazie non sia per te.

Ti ho spiegato abbastanza di te? Ho creato dei dubbi in te? Allora stai iniziando a vivere! So che vorresti fare tante domande, so che la tua curiosità è grande ed è questo che arricchisce sempre più la tua anima. Tuttavia, prova adesso a raccontare di te.

Chi vorrai essere? Non lo sai ancora? Ricorda! Un uomo racconta sempre di te. Una donna racconta sempre di te. Chiedi a loro chi sei! Ti hanno visto crescere. Sai di chi parlo?

Sono certo che spesso tu ti chieda perché non riesci a vedere grigio e vedi solo bianco o nero? Un giorno avrai una risposta, ma quel giorno sarai tu a chiedermi: perché vedi l'arcobaleno dopo che mi hai incontrato? Ah, un bell'arcobaleno, non quello che immagini!

Da adesso, tu non sei più ieri. Ripeti a te stesso questa formula. Ti piace? Tu che vedi tanto il futuro e ti proietti nel futuro: questa formula ti fa sentire meglio? Dillo proprio a te stesso, prova a dirlo, confessando a te stesso e a tutti questa bellissima formula. Ripeti con me: io non sono più ieri! Io non sono più ieri!

Ridillo! Io non sono più ieri! Come ti fa sentire? Ridillo! Io non sono più ieri! Ti fa sentire bene? Dovrai fare un po' di ginnastica su questo *Io non sono più ieri*! Anch'io lo ripeto a me stesso tutti i giorni!

***

CAPOLAVORO N. 3

Tenendo a mente quanto di te hai scoperto attraverso i capolavori

n. 1 e 2, chiedi a te stesso chi vorrai essere da oggi in poi, e scrivilo su uno o più fogli per non dimenticare.

***

Giunti a questo punto, voglio solo ricordarti tre cose.

1) Sappi non essere un frutto che cade da sé!

2) Non lasciare che il sole ti scaldi senza darti la gioia della tua crescita come frutto!

3) Sii saldo come frutto nell'albero della vita!

E se vorrai accorgerti su quale albero sei, accorgerti di tutti i frutti che stanno su quest'albero, e soprattutto essere certo di trasmettere quello che già conosci a tutti i frutti che conoscerai... Non chiedere a me come fare!

In compenso, ti racconterò una breve storia.

Un giorno, un uomo raccolse l'acqua della sua sapienza, pensando che fosse qualcosa di estremamente importante per lui. Poi, per caso, si accorse che quel contenitore non era solo per lui, ma anche per tutto il resto dell'umanità, per le persone che amava, per le persone che amava di meno e anche per coloro che odiava. E ciò gli infranse il cuore, perché pensava che tale sapienza dovesse essere solo per sé!

Ma l'acqua della sapienza è per ognuno ed è in ognuno. Perché qualcuno, invece, dovrebbe volerla solo per sé? La sapienza sta in ognuno e non è possibile pretendere di volere la sapienza solo per se stessi, se non si ha l'umiltà di andare anche verso il sapere degli altri. Vai, dunque! Vai e raccogli la sapienza altrui!

Abbraccia ogni essere umano, con la tua sapienza e con la sua sapienza. Forse ti crederanno matto, ma non lo sei veramente anche solo se ascolti me? Rifletti!

Il desiderio di raccogliere la sapienza altrui forse lo hai in modo naturale con chi ami, non è vero? Abbilo, invece, anche con chi ami di meno, e anche con chi odi.
Perché, allora, il tuo sapere sarà divino, perché Dio è per tutti. Ma c'è di più! È difficile sapere, ma è terribile non sapere! Sei d'accordo su questo?
***

CAPOLAVORO N. 4

Ti propongo adesso un altro esercizio molto interessante. Su un foglio di carta disegna un bell'albero con un grosso tronco, i rami e anche i frutti.

Sul tronco scriverai i nomi delle persone che per te sono state il fulcro della tua vita (ad esempio genitori, nonni, fratelli ecc.).

Sui rami scriverai i nomi delle persone che sono state importanti per farti diventare il frutto che sei oggi (ad esempio insegnanti, maestri, mentori, ecc.).

Su ogni frutto indica il numero maggiore di persone che conosci o che vorresti conoscere.

***

Hai già fatto un ottimo lavoro, ma io so per certo che tu vuoi un capolavoro, e non soltanto un lavoro.

Dunque adesso ti invito a proiettarti nel tuo passato, nel tuo presente e nel tuo futuro e guardando quest'albero, carico di energia, risplendente come un sole, aggiungi ancora i nomi di coloro che ami, di coloro che ami di meno e anche di coloro che odi.

Capitolo 2:
Il viaggio della tua coscienza

Vorrai, adesso, individuare alcune situazioni che dovranno essere assolutamente ricordate prima di qualsiasi preparazione.

Ti parlo del ricordare, ossia di quell'azione costante e continua della tua mente proiettata a tenere presenti, o a tentare di farlo, situazioni già vissute o da vivere ancora.

Ebbene, sappi che il ricordo non fa sicuramente parte di ciò che può essere considerata la tua parte interiore; altresì, il ricordo non fa sicuramente parte di quanto potrà essere il futuro o di quanto è stato il passato; il ricordo, invece, ti porta alla mente soltanto le situazioni che si riferiscono a un punto ben definito di quella che potrebbe essere la coscienza umana.

La coscienza umana vigila continuamente con spiegazioni sempre più forti, sempre più ardue, di quella che dovrebbe essere la spiegazione delle spiegazioni: quella cioè che spiegherebbe ogni cosa. Ma ogni spiegazione non può essere mai qualcosa che supera qualcos'altro. Non so se posso spiegarmi in questo. Riesci a comprendermi? Non può esistere una spiegazione che supera una spiegazione precedente. E per quale motivo non può esistere?

Perché l'unione avviene tra tutti i tempi, ossia tra il passato, il presente e il futuro; la disunione, al contrario, avviene su ogni dubbio e perplessità di quelle che potrebbero essere le varie spiegazioni umane. Ciò significa che quello che ricordo di una spiegazione passata, non potrà mai essere il fondamento di una spiegazione futura. E tanto meno di quella presente.

Tuttavia, l'umanità continua a raccogliere informazioni da tutto quanto rappresenta il ricordo di una qualsiasi cosa accaduta.
Qualcuno legge un libro o ne legge migliaia, e da questi scritti vuole tirare fuori la propria identità, l'identità suprema, l'identità migliore di quella degli altri.

Questo è quanto accade. Ma si tratta, pur sempre, del ricordo di qualcosa che è stato letto e che poi, dopo, è stato rimodificato, riaggiornato, rielaborato, rievocato, in un ripetersi continuo.

Ricorda che tutto ciò che è un "ri" non ha più nulla di quanto già è stato detto originariamente. È qualcosa di diverso, di altro.

E allora, dove sta l'intelligenza umana? Nel fatto di aver superato qualcuno o qualcosa di scritto? Questo modo di fare è quanto di più chiuso ci sia nella mente, perché la mente, nell'incessante ripetersi, si ostina a voler continuamente aprire altre porte, anche quando di porte da aprire non ce ne sono.

E allora, visto che la mente ha fatto entrare dalla porta qualcosa e che poi lo vuol fare uscire da un'altra porta o da qualsiasi altro luogo mentale, cosa succede? Succede che la mente dell'umanità non si eleva! Si eleva nient'altro che il tuo diverso interlocutore.

Bene, fai molta attenzione, adesso, perché stai per leggere qualcosa che non esiste, con punti ben fermi! Non è qualcosa a cui si è arrivati prima di qualcun altro, ma sono certo che leggendo queste parole, riecheggerà qualcosa dentro te e dentro ogni essere umano.

Sappi, tuttavia, che se chiederai a me il come, il perché, il dove volevo arrivare scrivendo tutto questo, se vuoi porre un giudizio su ciò che leggerai, io ti risponderò subito: "Chi sei tu? Dio? Sei Dio per giudicare?".

Non puoi giudicare, anzi, tutto questo forse ti consentirà di instillare alcune gocce di umiltà direttamente nella ghiandola pineale – perché è lì che oggi si crede di avere ogni spiegazione.

Cos'è dunque che fa elevare la mente umana? Forse qualche goccia blu in quel sangue che andrà a pulsare verso il cuore, oppure altre spiegazioni del tipo: "Hai incontrato la tua Divinità, il tuo Buddha, la tua Illuminazione, il tuo Karma?".
Nulla di tutto ciò può essere più lontano dall'unico elemento che tutto unisce: l'anima! L'anima è unica! L'anima è forse il solo termine adatto a spiegare tutto. Il soffio eterno della vita.

Un termine solo che, senza spiegazioni, unisce, per il semplice fatto che c'è un'unica anima per tutti. Un'unica anima per tutti!
È molto difficile da spiegare, eppure quest'unica anima esistente per tutti ne dà la capacità; prova a immaginare tutto questo se non riesci a comprenderlo con la mente: ogni singola anima è in

36

contatto con tutte le altre già prima di incontrarsi, e staccata da esse già prima di essere staccata.

Questo fenomeno hanno già provato a spiegarlo direttamente attraverso quei fenomeni chiamati déjà vu. Tu incontri una persona e sai di averla già incontrata. Capita! È difficile dare spiegazioni a questo fenomeno, perché, in realtà, siamo un'unica anima, e allora si potrà dire che tutte le anime sono unite. Tutte indistintamente.

Ma allora ciò vuol dire che si è uniti anche con chi si odia? Sì, anche con chi si odia; e anche con chi si ama e poi non si ama più? Sì, anche con quelli! Anche con quelle anime che ormai non sono più su questa terra, che sono lontane o sono vicine in base alla religione? Sì!
Tutte le anime sono unite, per sempre!

E allora se solo l'uomo riuscisse a comprendere questo, si accetterebbe in questa esistenza ogni vita, e una vita dopo l'altra. Ogni vita verrebbe guardata come quella di un bambino appena nato. Una nuova vita che desta meraviglia, stupore, amore naturale e disinteressato verso l'altro. Non v'è giudizio verso una vita appena nata, è il miracolo che ancora una volta si è compiuto.

E allora, perché fare tutta questa differenza tra il bambino appena nato e l'uomo ormai anziano che sta già andando oltre, verso un'altra vita? In realtà, tra il bambino appena nato e il vecchio che sta per andare oltre non vi è differenza, perché entrambi hanno la stessa unica anima.

Quando l'uomo imparerà a unire queste due anime, quella del bambino e quella dell'anziano, allora e solo allora comprenderà quanto la sua anima è connessa con quella di tutti.

Esercitati, esercitati e guarda l'anziano con lo stesso sguardo con cui guardi il bambino. Senti quel bel profumo del bambino appena nato, nello stesso identico modo gustati il profumo di quell'anziano che ti guarda con gli occhi colmi di lacrime, perché sta andando verso una nuova vita.

E nel sentire il suo profumo apprezza la sua nuova vita e non pensare alla sua morte. Realizzando tutto questo accadrà che quel bambino appena nato e quell'uomo anziano, per un attimo, per un millesimo di secondo, si uniranno in un unico saluto e realizzeranno l'unione della vita eterna.

Credo che possa essere spiegato così il significato della vita eterna. E se è necessario trovare ancora più coraggio per raccontare dell'importanza dell'immortalità, guarda sempre gli occhi di coloro che da oggi renderai immortali, perché ogni essere umano che incontrerai, di qualunque paese del mondo, di qualsiasi nazione, ti basterà solo guardarlo negli occhi e sarà unito a te per sempre, sarà immortale nella tua vita ancor più di quanto prima, pur non conoscendolo, fosse già unito a te.

E se farai ciò con tutte le persone che incontrerai, quelle persone chiameranno altre persone quando scopriranno che sarà sufficiente guardare nei tuoi occhi per diventare immortale. Immagina! Gli uomini vogliono l'elisir della lunga vita, cercano l'immortalità e non si accorgono di averla davanti!

Le anime sono unite. E se accetti questa verità, allora comprenderai la gioia che ti potranno dare coloro che sono di fronte a te o anche contro te, perché, in entrambi i casi, saranno comunque uniti a te. È un'immagine forte questa, è un'immagine che potrebbe rimanere a lungo nel cervello di molti dopo che l'avranno letto.

Forse potrai pensare che con le mie parole abbia creato soltanto delle fluttuanti immagini di fantasia. Eppure ti assicuro che ho semplicemente raccontato la verità. Il cuore mio batte col tuo. Il mio sguardo è nel tuo. Il mio sangue è nobile come il tuo. Respiriamo semplicemente la stessa aria.

Ti sei mai soffermato sul pensiero che Dio ha creato questo incredibile sistema di respirare la stessa aria? È stupefacente se solo provi, anche per un attimo, a pensarci! E dunque, è per tale motivo che io mi chiedo: "Perché tu non vuoi essere in me?", "Perché non vuoi essere nell'altro da te?". Io voglio essere in te per sempre e in chiunque incontrerò e anche in coloro che non incontrerò, perché in questo è la mia immortalità, e, da oggi, anche la tua; e non ci sarà nessuna delle mie e delle tue cellule che non sarà più attenta a questo.

So già che in tanti dubiteranno e avranno da obiettare e da dissentire sull'immortalità così come l'ho raccontata. Ma io chiedo a coloro che già dubitano se hanno mai provato a farlo. Se prima di fare delle domande hanno provato ciò che è stato scritto. Esiste una sola parola in grado di far credere a tutto questo e oggi è arrivato il tempo di credere a quell'unica parola. Una parola da donare a tutti. In forma imperativa.

Sai qual è quella parola? Immortalità? No. Quella parola conduce all'immortalità, ma quella che sto per dirti è una parola che fino a questo punto non si è ancora rivelata, ma che ciascuno conosce già! Anima? No. L'anima porta la vibrazione verso il contatto con l'altro, ma quella parola, quell'unica parola non ha pensiero, quella parola unisce le anime, e unisce solo se usata in forma imperativa.

Ama... AMA! Love! In qualsiasi lingua la si vorrà dire, la risposta dovrà essere solo quella parola: AMA! Dirai: "Ma...". Ama! Obietterai: "Però...", ama! E: "Se...", ama! In ogni nota musicale di questa vita, ama! E anche quando incontrerai chi ha troppo odio dentro di sé o chi è bravo solo a distruggere o chi crede di essere invece superiore a te, tu semplicemente: ama!

***

CAPOLAVORO N. 5

Esci da casa, dalla tua stanza, dal tuo guscio, cammina sui tuoi piedi e respira questa tua nuova aria, vai a incontrare le persone, comincia da quelle che ti stanno più vicine (magari se sei in casa ci sono tua moglie, o tuo marito, o i tuoi figli), guardali negli occhi, guardali profondamente…

Ma abbi ancora più coraggio. Esci da casa e incontra le persone che conosci di meno (i tuoi bottegai, o il tuo vicino), e poi quelle che non conosci affatto (ferma per esempio un estraneo con un pretesto, per chiedergli solo un'indicazione stradale o l'ora) e guardali, guardali profondamente… senza paura di essere giudicato.

***

Al termine della giornata sono certo che ricorderai ogni singolo volto che tu abbia incontrato e guardato profondamente, e a quel punto raccoglierai ogni emozione e sentimento suscitati, di qualunque natura, e le scriverai su un foglio.

Ma poiché stai lavorando per rendere la tua vita un capolavoro, compirai questa azione ogni giorno per trenta giorni.

Ti racconto una storia, per aiutarti a comprendere come attuare la tua forma imperativa del vivere, per comprendere come sentire la tua anima unita all'anima di tutti gli altri uomini.

Un tempo, un uomo si offrì di guidare un intero popolo. L'uomo si rivolse al suo Dio, chiedendo solamente che gli venisse indicata una direzione verso la quale andare. Il popolo si unì in un unico punto, raccogliendo in sé la speranza che quella guida fosse la sua unica salvezza.

L'uomo, alzando gli occhi in segno di preghiera, domandò: "Dammi un'indicazione di quanto io possa dare, verso dove dobbiamo andare, qual è la direzione verso la quale si compie il nostro disegno divino".

La guida cercava delle risposte, sentiva una responsabilità continua verso il popolo, il quale, a sua volta, rimaneva invece lontano da ogni forma di responsabilità, riponendo tutte le sue speranze in quell'unica guida, ritenendo che se la direzione non fosse stata quella giusta, sarebbe stato più semplice sapere a chi attribuire la colpa.

Certo, in questo modo, si sarebbe sicuramente potuti arrivare a una flagellazione, almeno di parole, verso colui che non aveva portato a buon compimento la missione di vita.
La guida si voltò verso il popolo, ora speranzoso di quanto poteva offrire la nuova direzione.

In quel momento, l'unione tra di loro era sicuramente quanto di meglio si potesse realizzare. Certo non era facile comprendere se essi fossero uniti per la disperazione di non sapere quale via intraprendere o per la complicità di poter continuare a vivere dopo aver attraversato quel deserto, nella speranza di trovare ancora vita.

I giorni trascorrevano uno dopo l'altro e il viaggio nel deserto era interminabile. Il sole scaldava tantissimo. Gli uomini e le donne, alcune di loro anche con bambini in grembo, non si davano pace. L'acqua ormai scarseggiava in ogni bisaccia. Il cibo era poco per tutti. La guida allora prese coraggio. Si avvicinò a ognuno di quegli uomini e di quelle donne e li abbracciò uno a uno.

Mise tanto tempo nel poter compiere un tale gesto, perché il popolo era immenso. La gente si guardava attorno chiedendosi che cosa stesse accadendo, quale fosse la spiegazione di tale comportamento. Ma la guida, silenziosa, si fermò, si accovacciò sulle gambe e raccolse tra le sue splendide mani ormai consumate, ormai rinsecchite, ormai rovinate dal sole rovente la sabbia cocente. La lasciò scivolare attraverso le dita, cercando la spiegazione di quale poteva essere la sua vita ma soprattutto quella di quel popolo.

La gente, girandosi attorno e guardandosi l'un l'altro, imitando la guida, cominciò a fare la stessa cosa, cercando di trovare una spiegazione, poiché se la guida portava quell'esempio, tutti dovevano muovere le mani nello stesso tempo. Il caldo divenne ancora più forte e il sudore divenne maggiore perché il contatto col caldo del deserto asciugava ogni cosa, i corpi, la pelle, le labbra sempre più secche e le bocche senza più saliva.

La guida si girò di nuovo verso il popolo, stupito di vedere che tutti lo stavano imitando, meravigliato del fatto che tutta quella gente avesse ripetuto quel rito solo perché lo aveva indicato la guida. L'uomo si alzò in piedi, si diresse di nuovo verso il popolo, li abbracciò ancora una volta uno a uno, dando ad alcuni anche dei baci di congratulazione, ma non appena provò, di nuovo, a girarsi indietro per vedere che cosa stesse facendo il popolo, vide che nessuno lo imitava più!

Allora, cominciò a urlare: "Basta! Basta!", perché tutti continuavano a guardare cosa stesse facendo. "Perché" disse. "Perché seguite il rito della sabbia e non quello dell'abbraccio? Perché tutti quanti avete toccato la sabbia e non vi siete toccati l'un l'altro?"

Nel frattempo, il sole aveva trovato il suo tramonto quotidiano. La gente si unì l'una all'altra, ma solamente per cercare calore nella notte che diventava sempre più fredda, sempre meno confortevole per il corpo, trovando coraggio solo stando l'uno vicino all'altro.
L'uomo, da solo, si allontanò dagli altri, cercando un riparo solitario dove dormire. Ma quando l'alba tornò a splendere sul nuovo giorno, e il popolo era di nuovo pronto a ritrovare la propria guida e ripartire, si accorse, nel guardarsi attorno, che la

guida non era più lì. Cominciarono a cercarla, ma non la trovarono. Era sparita nella sua solitudine.

Subito qualcuno, il primo uomo o la prima donna, cominciò a dire: "Ecco, ci ha abbandonato! Come facciamo ora? Dove andremo? Chi potrà guidarci?". Un uomo, forse uno dei più anziani, alzò la mano e gridò: "Vi guiderò io!". E prese una direzione, una qualsiasi, senza pensarci troppo.

Il popolo lo seguì senza fiatare, pronto a farsi guidare da chiunque. Che ne era stato dei riti del giorno prima, della sabbia che scorreva tra le dita e dell'abbraccio dato uno a uno? Si erano dimenticati. Si erano già dimenticati di tutto. Nessuno sa che fine fece quel popolo. Non si sa nemmeno se, per loro, il sole tramontò ancora quel giorno e non si sa se ci fu una nuova alba.

Cosa ho voluto dire con questa storia? Cosa vorrò insegnarti? Se comprenderai questa parabola verranno lasciate in te le migliori gocce del sapere; e se ti chiederai dove fosse finita quella guida, io ti risponderò: "È lì, è in te!".

Non esiste una guida da seguire, ogni direzione è dentro di te. Anche questa storia è una forma semplice del tuo imperativo di vita: ama!

Per te e per ognuno di coloro che leggeranno queste righe, la guida interiore sarà sempre presente. La riconoscerai. La riconosceranno. Stai facendo suonare in te la più bella nota della vita. Stai componendo realmente qualcosa di divino!

***

CAPOLAVORO N. 6

Segna su un foglio, tracciando una riga in mezzo, da una parte come ti sei sentito tutte le volte in cui sei stato guidato da qualcuno, e dall'altra come ti sei sentito tutte le volte in cui tu hai guidato qualcuno.

Dividi a metà il foglio, e spezzalo in tante piccole parti, facendo in modo di poter ancora leggere le parole e gli aggettivi che hai scritto. Quindi mischia tutti frammenti di carta tra loro, facendoli scivolare tra le tue dita, come se fossero sabbia del deserto, e poi raccogli uno ad uno quei granelli di sapienza, riscoprendo l'unione dei tuoi valori.

***

Ognuno sia guida di sè stesso, ognuno senta suonare dentro di sé il richiamo della vera vita. Ma può essere abbastanza tutto questo? È possibile sentir suonare il proprio strumento o la propria orchestra interiore senza apprezzare anche la musica altrui? No, non è possibile!

La vera vita si realizza con gli altri. Mai da soli. L'unione dell'uomo e della donna è già grande fonte di ricchezza, quando se ne riconosce la grandezza. Ma non è sufficiente, perché il punto principale di ogni definizione che si andrà a dare è la realizzazione dell'unione tra le persone.

Un solo uccello può cantare una canzone, ma quando saranno in tanti a cantare allora sentiremo la vera armonia, allora giungerà la primavera calda, brillante e vera e un mondo tutto nuovo sarà pronto a nascere.

E non potrai mai essere da solo in questa avventura, perché solo nell'unione di uomini e donne, anche quando, singolarmente, vagano confusi verso una qualche direzione, sperando che possa essere la direzione ideale, si troverà una via maestra utile a quanto grande è il loro cuore, a quanto forte è la potenza della loro stabilità emozionale.

Si potrà così realizzare la vera unione. E quando tu, individualmente, riuscirai ad attuare tutto questo, gli altri si chiederanno quale sia il tuo segreto, si chiederanno quale sia il modo e vorranno seguirti.

Ma un segreto non esiste, stai soltanto facendo suonare la tua nota personale in sintonia con la loro nota musicale. E così facendo, saprai essere non soltanto colui che sa camminare in punta di piedi verso la mente degli altri, ma saprai anche essere colui che è sempre fermo su chi è.

Quest'ultimo punto è importante perché nella realizzazione della vera unione ognuno avrà un modo diverso, un tempo diverso. Ed è per questo che dovrai essere sempre fermo sul tuo chi sei!

Ci saranno alcuni che avranno bisogno di leggere i primi passi qui narrati più volte per poter ottenere la svolta della loro vita; altri si dovranno fermare sulle parabole raccontate; altri ancora andranno invece verso una direzione da cui sapranno prendere solo ciò che è importante per loro; ma, a tutto questo, tu non darai alcuna rilevanza.

Ci saranno alcuni che cercheranno di concretizzare tutto quello che è stato scritto in un'unica parola, l'unica che è rimasta loro impressa. Peccato però perché di parole ce ne sono tante! Non esiste solo la parola immortalità, ama o anima, non vi è solo esclusivamente una chiave per poter aprire tutti i cuori, quindi lascia che ognuno prenda quella adatta alla sua anima.

Così facendo ti giungerà il più semplice dei doni, perché tu cambierai, ma anche le altre persone cambieranno, poiché la chiave che ciascuno ha trovato per aprire il proprio cuore darà la possibilità di comprendere e apprezzare anche il cuore dell'altro, e ciascuno non saprà stare soltanto al fianco di sè stesso, ma anche al tuo fianco.

Quelli che sono i tempi designati all'uscita del tuo scrivere non ha molta importanza, ma forse è il tempo giusto. Puoi porgere la mano davanti a te e notare quanto sia forte la tua capacità di tendere verso chiunque.

L'intenzione è tua, la scelta giusta di chi potrà divulgare tante informazioni la percepirai da lì, strano dopo tutto quello che è scritto in questo libro, no? Molte saranno le indicazioni che ti darò ancora, ma già te ne sono state date tante.

Che io sono in te e che tu sei in me ormai lo abbiamo già detto tante volte. Sii la gioia, la follia e l'unione. Il proprio innamoramento per sè stesso, ognuno per sé, va mantenuto.

E in tutto questo sii fermo su chi sei! Potrai porgere la mano davanti a te e notare quanto sia forte la tua capacità di tendere verso chiunque stia innanzi a te! E ricorda sempre che tu sei negli altri e che gli altri sono in te.

Che tu sia la gioia, la follia, l'unione. Tuttavia, il tuo innamoramento per te stesso, mantienilo. Sempre.

***

CAPOLAVORO N. 7

Bravo, complimenti, fai un applauso a ciò che hai fatto sino a ora. Ti sei messo a nudo, hai cercato dentro te stesso, hai tolto le foglie secche che coprivano il tuo essere e in questa folle ricerca hai provato la gioia di tendere verso chiunque, con l'intenzione di divulgare tutte le informazioni ricevute.

In questo ormai siamo insieme nel rendere gli altri partecipi di quanto questi suggerimenti interiori si esprimano nel darci l'indicazione ideale e guidarci in ogni attimo della nostra vita terrena.

***

Capitolo 3:
La ricerca dei colori della verità

È giunto adesso un lieto momento perché, senza alcuna discussione, senza alcun pensiero avverso, si parlerà di quanto è verità.

Quante definizioni della verità, in ogni tempo, sono state date? Tante quanti sono i cuori degli uomini. Ma la verità, cos'è veramente? La verità è come quella goccia di rugiada che, in un modo molto lieve e dolce, si appoggia, di prima mattina, sul petalo di ogni fiore. E ogni singola goccia, tra tutte quelle gocce, cristallina e trasparente, non potrà che esaltare il colore del petalo senza mai poterlo scurire, senza mai poterlo coprire.

Allo stesso modo, quando la rugiada affiora alla bocca degli uomini e delle donne, essa esalta la loro anima con tutte le sfumature di colore che essa può dare, senza peraltro dare importanza alcuna al tipo di colore, ignorando se quel colore sia

54

triste o gioioso.

Aggiungo che la verità ha la sua fonte in quella parte sottile e divina che è in ogni essere, la quale non potrà mai dare pace assoluta dentro, ma pura energia. È strana questa cosa: nella verità non viene la pace. Dopo sì, ma durante la ricerca no.

Nel ricercarla immagina invece di creare un'energia talmente forte, talmente alta che se i colori rimangono cosi vividi e vivi, non è necessario studiare quale sia il termine da aggiungere dopo per trovare chissà quale spiegazione. Nella sua semplicità, infatti, si nutrono le fattezze di colui o colei che sa donare un messaggio puro.

Ritorno a sottolineare il fatto che la verità può essere di qualsiasi colore, ciò non ha importanza, perché più importante sarà chiedersi qual è il frutto che si vuole raccogliere su questa rugiada, nello splendore di un'alba che riflette e che pone in sé il sapore di un vero uomo o di una vera donna.

Non spingere colui che è di fianco a te a dire la verità. Non portarlo nella tua direzione di voler scoprire quali siano le sue virtù nella verità, ma donagli, invece, un bel tappeto ideale, e anche fortunato, che possa aiutarlo a raccontare chi è.

L'unione di questi due punti, apparentemente distanti, che come per incanto in un solo attimo si avvicinano nell'unità del tuo racconto e del suo racconto, è la verità. L'unione infine porta quel frutto nuovo di fresca rugiada che, di giorno in giorno, si rinnova addirittura, rinnovando anche la verità.

Perché la rugiada, ricorda, ritorna tutte le mattine di ogni stagione, un po' più forte in alcune, un po' più debole in altre, ma sempre accade, in qualsiasi paese, in qualsiasi luogo.
Infine, avvenuta l'unione di queste due verità tra due uomini, tra due donne, tra un uomo e una donna, tra due popoli – e qui il compito è assai arduo, ma possibile – si ottiene alla fine la pace.

Sappi assaporare la rugiada in ogni alba di tutti i giorni della vita. Impegnati in questo e che sia pace per te e per tutti coloro che non solo leggeranno, ma che sentiranno su di sé queste belle gocce di freschezza.

***

CAPOLAVORO N. 8

- Scrivi tre esempi di come sei riuscito a raggiungere la verità e qual è il percorso che hai affrontato per ottenerla.

- Condividi con i tuoi amici, il tuo partner, i tuoi figli lo stesso esercizio di cui sopra, e scoprite il comune denominatore che vi unisce come esseri umani in un'unica verità.

***

È ora di condurre la tua vita. È ora di condurre, tramite queste informazioni ricevute, un saggio unico della tua vita, in un qualche modo racchiuso solo ed esclusivamente in un unico potere. È un potere che non si ha o che non si vuole ed è il potere del condurre.

Oh sì! Forse non sono io il primo a descrivere tale capacità. Forse non sono io a poter dare un significato sicuro a quello che è il condurre. Tuttavia, esistono solo due esempi importanti di come si conduce la vita. O si conduce per la pace o si conduce per la guerra. Una distrugge l'altra e l'altra ne giova quando ce n'è.

È strano questo, ma a un certo punto, nella tua vita, comprendi che il condurre avviene solo in queste due direzioni. La pace si ottiene solo dopo una guerra e una guerra si ottiene provocando la fine della pace, per ottenere poi nuovamente la pace.

È strano questo comportamento dell'essere umano, eppure esso è avvenuto nell'arco di tutti i tempi. Un tempo, per i popoli, tutto era designato solo da chi conduceva, ma ancora oggi si compie, in realtà, una grande distruzione del proprio essere per chi vuole essere condotto. E tale distruzione accade o perché non c'è qualcuno che dall'alto dice come fare, o perché non si vuole assolutamente dare spazio alla propria mente per stabilire chi è il condottiero.

In tal modo la confusione è grande, e trova esaltazione solo nelle menti che vogliono recare, a tutti i costi, una forte nebbia che le spinge a vagare in una direzione che non è la loro.

Guarda come sono coloro che continuano a spingersi in una direzione che non è la loro: vagano confusi, incerti, perché non hanno la capacità di prendere una decisione o perché non comprendono la realtà di ciò che realmente vogliono fare. Tutto questo può essere forse difficile da comprendere, ma non ti chiedo di prendere per mano ognuno di loro e di dare la possibilità di comprendere quale sia la giusta direzione.

Chiedo, invece, di portare spiegazioni di quanto stai leggendo, di quanto hanno suscitato in te la definizione e la scoperta di un potere assoluto, il potere unico di essere un condottiero.

Per essere condottieri non si chiede di essere carnefici e neppure di essere vittime, e non si chiede neppure di dare una spiegazione alle cose che si devono fare, anche perché nello spiegare, a volte, si rimane lì ad attendere che cosa accadrà.

Per essere condottieri occorre portare conoscenza in sè stessi. Conoscenza di ogni situazione. Non è possibile restare nell'ignoranza della non conoscenza. E nel momento in cui si realizza la conoscenza, si concretizza la possibilità di decidere, e dunque, di scegliere.

Scegliere qualunque cosa, che si tratti di scegliere o non scegliere di leggere un libro, di scegliere o non scegliere di parlare con chi ti è di fronte, di scegliere o non scegliere di ascoltare.

Sappi inoltre che la conoscenza, e dunque la libertà della scelta, esclude la morte. La morte non è nella vita, su questo credo non possano esserci dubbi, benché siano in tanti, molto spesso, a portare la morte nella vita.

Alcuni, infatti, la portano dentro, altri la portano fuori pensando che siano gli altri a portarla, alcuni pensano addirittura di essere nati morti. A volte, nella libertà di scegliere, proprio il fatto di non scegliere diventa morte.

E nella non scelta si aspetta l'inutile traguardo. L'inutile capacità di rendere le proprie armi, che non sono quelle con cui un tempo si combatteva, ma sono quelle armi "mentali" con le quali l'uomo realizza soltanto la capacità di non soffrire.

Vuoi sapere quando uno inizia davvero a dire di non essere un vero condottiero? Quando vuole soffrire.

È dunque importante, anzi fondamentale, far comprendere a colui che è di fronte a te, colui che è incapace di scegliere e pigro nel voler conoscere, senza accusa, senza giudizio, che vuole solamente soffrire e che, allo stesso tempo, non vuole condurre, e che – ed è lo stesso – vuole morire.

E se per caso in questo momento credi di aver finalmente trovato la soluzione per chi è vicino a te, per chi che ami, sappi che il vero condottiero è di esempio per gli altri, per il singolo individuo o per un intero popolo, perché non può identificarsi negli altri, nel popolo, e dovrà essere il popolo a seguire il condottiero, non il condottiero a imporre che il popolo lo segua.

Ogni uomo e ogni donna, l'intera umanità, oggi, può essere condottiera della propria vita, semplicemente non riponendo più alcuna sofferenza dentro di sé. Comprendi, a questo punto, quale sia la vera virtù del condottiero? Pensa, tutto questo parlare, tutte queste spiegazioni semplicemente per dire *basta soffrire*! Non è un concetto semplice e rasserenante?

Non è necessario sapere vivere, ma solamente vivere, e in tal modo colui o colei che sta a fianco a te percepirà questo e non sarà mai tuo discepolo, ma condottiero o condottiera della propria vita. In questo modo le virtù si moltiplicheranno e non basteranno ventimila steppe per contenere questo nuovo e incredibile esercito.

***

CAPOLAVORO N. 9

• Descrivi quante volte nella tua vita hai deciso di non soffrire più e di prendere in mano la tua vita.

• Ora che sei condottiero della tua vita segna le azioni o le non azioni di quello che vorrai fare.

• Responsabile di quanto ormai conosci, indica a quante persone puoi portare la tua conoscenza affinché esse pongano fine alla loro sofferenza.

***

Se non esegui questi tre esercizi in modo completo ed efficace, rendendoli non solo un lavoro ma un reale capolavoro, non riuscirai a compiere il prossimo passo.

Essere condottiero della propria vita significa smettere di riporre dentro di sé ogni forma di sofferenza. Tuttavia, per giungere a questo risultato, è necessario, con grande intelligenza, saper realmente riconoscere ciò che è il soffrire e ciò che è il gioire.

Qui nasce la grande volontà del discernere, in egual misura, entrambe le cose, senza tuttavia dover dare la possibilità di conoscere più una cosa o l'altra. In questo, dobbiamo forse essere i più grandi condottieri della nostra capacità di discernere, ossia è necessario avere la capacità di conoscere, in base al momento che si vive, a quale dei due aspetti, il soffrire o il gioire, dare più o meno spazio.

Non bisogna credere, ad esempio, che il soffrire porti malattie e il gioire porti, invece, alla salute in ogni persona. Non vorrei contrastare la definizione di un notevole modo di riconoscere l'importanza di un certo tipo di informazioni per quanto riguarda ciò che è stato scritto da grandi menti illustri, da dottori o da scienziati, su quella che è la differenza nel concepire la capacità del soffrire o la capacità del gioire.

Questo approccio, utilizzato per comprendere la differenza tra il soffrire e il gioire, in realtà, è solo l'inizio di quella che è la capacità di adattarci all'accordo, di creare una cospirazione nel mondo della vita.

Cospirazione che, ovviamente, senza neppure accorgersene, è portata verso o contro noi stessi, che nonostante tutto continuiamo, a volte, a deglutire dolorosamente un sentimento, se non a osannarlo.

Pertanto solo la nostra migliore volontà, da aggiungere in un dato momento, darà la misura della nostra capacità di saper discernere l'una o l'altra, la sofferenza o la gioia. Cosa vuol dire la volontà migliore da aggiungere? L'essere assolutamente nel momento reale in cui veramente si è, e saper conoscere se si è nel momento della sofferenza o in quello della gioia.

Del resto, gioire nel momento in cui non vi è nulla da gioire, non può forse creare in noi follia? Oppure non riconoscere quale sia la realtà che la vita ci porta, in un certo momento, non è cosa priva di ingegno e di intelligenza?

Certo è vero che il gioire sempre, continuamente, può portare a un'emancipazione delle nostre cellule verso una forma attiva e non statica, ma è anche vero che il non riconoscere qual è il momento che si vive porta a un'ignoranza tale da creare, a volte, malattie peggiori di quello che può portare la sofferenza.

Riconoscere, vivere e restare dentro a quanto è sofferenza, e trovare in essa la capacità di non dover dare alcuna spiegazione di quale sia il motivo della sofferenza stessa nella vita, darà un punto di luce forte, forse dapprima anche molto lontano, ma talmente forte da bastare a dare una speranza: la speranza che quello sia l'unico appiglio al quale la nostra mano può aggrapparsi per fare, della sofferenza, una virtù di pace interna, fino in fondo.

Pace interna che non giunge alla fine della sofferenza ma attraverso di essa, per avere la definizione, o meglio, la spiegazione di una malattia, di un'incomprensione spirituale, di un'incapacità di comunicare in modo adeguato verso chi si ama, di un'inadeguatezza all'ambiente di lavoro o di un qualsiasi altro tipo di situazione che ha generato sofferenza.

Ed ecco che la malattia non dovrà essere considerata causa di quella sofferenza, non è questo che si richiede. E non dovrà neppure essere la giustificazione del motivo della sofferenza per il futuro, non so se hai compreso questo! Non è che debba esserci la sofferenza affinché poi, nel futuro, si possano ottenere dei risultati migliori. Qualcosa di questo tipo, sì, a volte può anche capitare, ma non è in quel momento che lo comprendi.

E non bisogna neanche credere che la sofferenza sia una fonte di ricchezza rispetto a coloro che ti circondano, affinché essi possano darti solo ed esclusivamente ciò di cui necessiti, secondo quel concetto che viene definito come "compassione"!

Ciò che invece è necessario apprendere è che la sofferenza e la gioia dovranno essere poste sui due piatti della stessa bilancia e tra loro dovranno sempre stare allo stesso livello. Solo in questo modo, quando ci sarà la gioia, si potrà apprezzare fino in fondo quel momento e non dire: "Sta finendo!"; si potrà apprezzare quel momento e non dire: "Ah, ma, ieri non c'era!", e, soprattutto, quel momento non verrà messo in discussione da ciò che può essere sofferenza, perché a quel punto si dovrà trattare anch'essa nello stesso modo e dire: "Ah, ma ieri non esisteva! Ah, va bene, a un certo punto terminerà!".

Non è questo il punto di luce che darà speranza e che definirà il motivo della sofferenza. Il punto più importante invece sarà quello di avere, prima di tutto, riconoscenza verso quella sofferenza che ci fa comprendere che di ogni cellula di noi stessi non dimentichiamo le sue potenzialità distruttive, ma non dimentichiamo nemmeno le potenzialità della gioia.

Il secondo punto, invece, sarà quello di dover dare alla sofferenza la motivazione giusta per far sì che il nostro piede si sollevi per riuscire a compiere il prossimo passo, per salire o scendere il prossimo gradino: dipenderà solo da noi se quel passo sarà compiuto in salita o in discesa.

È grazie allo sminuzzare la sofferenza, al renderla non troppo grande come invece a volte succede, allo sgretolare e disperdere ogni sua cellula, che essa non contagerà più nessuna parte di nessun organo e nessuna parte di organismo, e non porterà alcuna malattia, alcuna distruzione.

Allo stesso modo, utilizzando gli stessi principi, potrà essere analizzata la gioia. La gioia può essere rappresentata come un numero di particelle infinitesimali che passano, allo stesso tempo, attraverso tutto il corpo; ed essa non dovrà per forza essere considerata come l'unguento sacro che protegge il nostro fisico, bensì come la volontà di essere contenti e gioiosi nel momento della sofferenza, e nel momento della sofferenza essere gioiosi di quanto poteva forse essere: nel momento in cui l'uomo accetta tale insegnamento si riconosce la sua intelligenza.

Per ogni uomo e per ogni donna, in questo tempo, nulla è gioia o sofferenza, o meglio, ogni cosa è sia gioia che sofferenza, nello stesso identico momento. Questo vuol dire vivere pienamente nel Dio che è in te.

Capitolo 4:
Il coraggio di evolversi

In ogni tempo, gli uomini hanno sempre cercato un modo per riuscire a comprendere sé stessi. Hanno realizzato la comprensione e l'applicazione continua allo scopo di riconoscere il proprio essere. E tuttavia ciò che bisogna arrivare a capire è che il proprio essere muta di giorno in giorno, continuamente e che se ciò non accade significa che quell'essere, da troppo tempo, è fermo in uno stato non di scoperta della vita, ma di coperta. Quell'uomo o quella donna stanno coprendo l'energia del proprio essere.

È forse più utile raccontare una storia.

In un tempo lontano, vi erano solo due re; uno voleva distruggere il mondo intero per essere a capo di esso con, al seguito, il suo popolo, l'altro, invece, voleva solo donare.
Voleva donare al suo popolo e a tutti gli altri e, allo stesso modo,

a tutti coloro che donavano voleva restituire il donato, in base a quanto ognuno riusciva a dare.

Quindi se uno dava dieci gli veniva ridato dieci, se uno dava venti gli veniva ridato venti, in egual misura. Questo popolo, come l'altro, era protetto da un esercito di guerrieri, da coloro che erano i protettori dell'incolumità del corpo delle persone.

Erano cavalieri stipendiati dal popolo, ma mentre da una parte, nel popolo che voleva solo distruzione, essi prendevano assolutamente tutto, non quindi in base a quanto davano, anche se avrebbero dovuto dar tutto; dall'altra, ossia nel secondo popolo, i cavalieri stipendiati donavano per donare.

La storia racconta che oltre a ciò, mentre il popolo del donare riusciva anche a ottenere delle guarigioni, il popolo vicino, seguito dal primo tiranno, otteneva malattie e pestilenze, trasmesse all'interno del popolo stesso e di conseguenza al commercio di pochi beni.

Un giorno, il primo re si recò dal secondo per trovare un

accordo, perché non voleva più vedere il suo popolo demolito o decimato da malattie infettive, create forse da sporcizia, forse da malnutrizione, forse ancora da ferite infette. Il secondo re l'accolse nel suo palazzo e il primo re rimase esterrefatto poiché il rivale non aveva vicino a sé delle guardie che lo proteggessero e non era neanche armato per difendersi da solo.

Allora il primo re estrasse senza indugio la sua spada, pensando di poter prendere la vita del capo del popolo della donazione e di prenderlo, addirittura, in un colpo solo. Ma nell'attimo in cui stava estraendo la spada, il secondo re lo guardò attentamente negli occhi e gli disse semplicemente: "Oggi vincerai, ma quante volte perderai ancora? Perderai in un batter d'occhio anche il mio popolo, per non parlare dei tuoi figli. La malattia non è una virtù e non lo sarà mai".

Il primo re in un attimo rifoderò la sua arma, si inginocchiò davanti a lui e disse: "I miei figli! In verità, ero venuto per i miei figli, ché anche loro sono malati. Ma l'ingordigia di avere un popolo nuovo ai miei piedi mi ha fatto perdere ogni considerazione verso le persone che amo e verso i miei figli, anche quelli ammalati".

Il re del donare si avvicinò, lo abbracciò e gli disse di sollevarsi da quelle ginocchia; fece risuonare in lui una sola parola, con la quale doveva far fronte al suo popolo. Ma il re della distruzione, guardandolo sbigottito e con grande tensione, gli domandò che cosa avesse detto, come se non avesse compreso. Così il re del donare a quella prima parola ne aggiunse un'altra: "Sii tu stesso a farlo! Allora tutto potrà essere compiuto".

Questo è il grande insegnamento che viene dato a coloro che non sanno donare, o meglio ancora il cui comportamento porta a distruggere ogni cosa nella speranza che la distruzione porti alla costruzione di qualcos'altro.

E se, adesso, ti stai chiedendo quale fosse la prima parola detta dal re della donazione, ti invito ad andare a cercarla dentro di te, ed essa sarà l'unico diamante, il più grande in assoluto, che rifletterà tutto quello che c'è nella tua anima.

***

CAPOLAVORO N. 10

Ricerca quella parola per la tua continua evoluzione della vita.

***

Si racconta che un tempo alcuni uomini dalle menti illustri credessero che ci fosse la speranza di riconoscere le capacità dell'altro attraverso quanto di più nascosto ci fosse nel suo cuore. Altri, invece, altrettanto illustri, sostenevano, approvando tutto ciò che era a sostegno della conoscenza, che l'anima si potesse leggere soltanto attraverso la mente.

Tuttavia, i sostenitori dell'una e dell'altra fede non davano alcuna importanza alla considerazione sia del cuore che del cervello, non pensando che solo la comunicazione tra quelle due parti potesse essere il mezzo per la loro comprensione.

Qualcuno allora chiese cosa consentisse questa conoscenza, e la risposta poteva essere solo una. L'intelletto non ha la capacità di conoscere ciò che è veramente importante e forte per questa vita. Ma, allo stesso modo anche il cuore, l'amore, la passione non possono avere l'aggancio ideale per trasmettere quanto l'anima voglia veramente sperimentare oppure ricevere, come si preferisce.

Vorrei dare, a questo punto, una nuova indicazione.

C'è un tempo indefinito di quanto si è in ogni vita e l'anima è quel tempo, senza definizione alcuna. Per tale ragione, nell'adesso sta l'importanza assoluta del fluire, inteso come crescita di un'energia talmente complessa in ogni suo aspetto, talmente forte, da poter essere la guarigione o la disperazione del corpo umano.

È per siffatta potenza, quindi, che v'è nella natura umana la necessità di affidarsi a qualcosa di superiore a sé, che sia Dio o che sia qualcosa dentro noi stessi, seppur sempre con il desiderio di cercare Dio dentro di sé. In tal modo, tuttavia, si tratta sempre e comunque di delegare all'anima, in qualche modo, il compito di trovare a chi affidarsi.

Ma il corpo con ogni sua cellula è l'anima, e dunque è necessario riconoscere che ogni parte del corpo, ogni organo, ogni fibra affronta l'anima per la sua sperimentazione, materiale o terrena che sia, e di tale anima ciascuno è responsabile, al pari di quanto è responsabile del proprio corpo. In eguale misura.

Il Dio esiste dentro e fuori, questo è stato detto in tutte le religioni. Perché dunque voler dare dei confini o far sconfinare l'anima, affermando che essa si esprime attraverso il cervello o attraverso il cuore?

Tanto tempo fa l'uomo diede un confine alla Terra perché provava una paura immensa nel pensare che potesse essere qualsiasi cosa in modo indefinito. Ma, come sappiamo, e come la storia ci insegna, non c'era, invece, alcun confine.

E anzi, oggi sappiamo che non c'è confine neanche per questo universo, avendo la conoscenza dell'esistenza di multiuniversi, e non di un solo universo. Perché l'anima, dunque, dovrebbe essere confinata qui, quando invece può essere organizzata in modo che sia a contatto con tutto?

È strano il temine *organizzare*, ma è il modo più facile per far comprendere il concetto: c'è molta pigrizia nell'essere umano e accedere alla sapienza dell'anima è più facile se utilizziamo ciò che di più comodo già esiste!

***

CAPOLAVORO N. 11

Cos'è l'organizzazione dell'anima? Racconta a te stesso, nella maniera più semplice possibile, la descrizione dell'evoluzione della tua anima fino al giorno d'oggi.

Scopri di te quante volte sei rimasto stagnante e disorganizzato e quante volte ti sei evoluto e organizzato.

***

Vorrei adesso dare alcune spiegazioni per chiudere questo bellissimo e importante capitolo relativo all'evoluzione dell'uomo attraverso l'anima.

Il punto fondamentale sta nel riconoscere quanto l'uomo sia e sia sempre stato uno schiavo dell'anima. Mi riferisco al fatto che molti hanno tentato di dare spiegazioni dell'anima come fonte esclusivamente di ricchezza esteriore, come un qualcosa che si riconosce solo, e magari anche, dopo la morte, senza che venga veramente apprezzato quale sia il suo vero compito durante la vita.

In molte religioni, l'anima viene esaltata soprattutto attraverso lo svolgimento di rituali che prevedono l'uso di incensi, candele e preghiere, senza che poi vi sia, nella stessa preghiera, il reale riconoscimento dell'importanza dell'anima durante la vita.

Questo è un principio molto importante, dato dalla necessità di conoscere l'anima non soltanto nel corso della vita ma, soprattutto, dalla necessità di percepirla in ogni istante della vita stessa. Per capire e comprendere come fare a compiere tutto questo, sarebbe utile iniziare a parlare di ciò che l'anima non è.

L'anima non è un oggetto, un corpo estraneo che risiede in un qualche punto del nostro corpo; l'anima non è neanche qualcosa che si può percepire come distante dalle vite precedenti o future che siano, nella misura in cui si può non riconoscere l'essenza del momento.

L'anima non è neanche il fluire assoluto verso ciò che è la concezione dell'essere vivente, concepito come totalità o unitarietà attraverso animali, piante, oggetti, anche elementi estremi quanto la luna, le stelle e le galassie più lontane, laddove crediamo che sia l'anima quando alzando gli occhi al cielo ci chiediamo: "Dove sei? Cosa devo sperimentare? Che cosa ci devi ancora insegnare?".

Tutto questo, invece di riconoscere che l'anima può esistere in ogni istante.

E dunque da ciò nasce la necessità di riconoscere l'anima in ogni momento: al risveglio la mattina, ed essere lieti del dono di rivedere ancora la luce; negli occhi del proprio figlio o figlia; negli occhi dell'amato o dell'amata; o assaporarla nei confronti di colui o colei che ti guarda poco prima di abbandonarti, perché in quell'abbandono ti sta comunque dando un qualche messaggio o insegnamento; o meglio ancora, riconoscere la tua anima attraverso la persona che ami o la persona che sta respirando i suoi ultimi momenti di vita.

Raccogliere questi attimi in cui l'anima arriva a essere in contatto con te, ecco cosa è importante! Ma aggiungo: perché solo attimi? Non riferiamoci all'anima come a qualcosa che è sempre al di fuori di noi, anche se, a volte, sembra abbastanza vicina quando la si identifica con il sé superiore; ma se è così superiore perché non possiamo avere ancora una conoscenza completa di essa?

In realtà l'anima può essere solamente come quelle note, quella musica che riecheggia dentro di noi e dà una vibrazione assolutamente nuova al corpo, che, come per un incanto o un miracolo la incanala per dirigerla verso quell'organo che poi misteriosamente guarisce, pur non avendo preso alcuna medicina.

È nel non aspettare il domani e nel non pensare a ciò che è stato ieri, è nell'essere presente in ogni cellula del proprio corpo in quel momento. Questa è l'anima. Guardatevi le mani, guardatevi i piedi, non siete istanti!

Alcuni pensano all'anima come a qualcosa che si sviluppa come campo di luce attorno al corpo. Vero. Quella può essere l'anima, può essere quell'idea di anima attraverso la quale ci è più semplice riconoscere la nostra luce.

Tutte le spiegazioni possono andare bene, a qualsiasi religione o a qualsiasi credenza, anche non religiosa, possano essere ricondotte. Ma la certezza che l'anima esiste la si dovrà affrontare momento per momento, giorno per giorno e istante per istante.

Allora, da quel momento in poi, le persone si avvicineranno per chiederti come tu abbia fatto, come tu abbia potuto, quale sia il tuo modo di riconoscere l'anima! Magari è folle il pensiero di colui che sa di essere abbracciato dalla propria anima nel momento in cui entra in contatto con gli altri o si avvicina anche solo per un attimo, chiunque esso sia e in qualsiasi stato d'animo si trovi, senza che ciò abbia importanza, perché comunque avviene qualcosa.

E l'anima, a differenza di altri organi che possono spegnersi e alcuni addirittura essere sostituiti, è insostituibile: l'anima rimarrà sempre accesa.

Anche dopo la morte non si spegnerà mai, quindi perché non prendersi cura di essa? E come curarla? Con l'unica medicina possibile: accorgendosi, a ogni istante, della sua esistenza, consapevoli di quante informazioni essa può dare.

Alcuni definiscono l'anima come Dio, altri ancora la definiscono potere della mente illuminata. Qualunque sia la definizione data, ciò che è più importante è riconoscerla sempre di più. Questo, soltanto questo, darà una spinta indiscutibilmente assoluta verso l'immortalità.

Potrai chiedere: a che cosa serve essere immortali? È una domanda che si pongono in molti. Perché uno dovrebbe credere di trovare l'immortalità? O desiderare di essere immortale?

Perché per quanto tu stia facendo ora, immortale è colui che continua a vivere sempre, per sempre, in ogni luogo, ovunque, estremamente d'aiuto a tutta l'umanità.

Perché l'umanità troverà pace soltanto attraverso la sua anima.

E se sono ancora qui a comunicare queste parole e questi pensieri è perché anch'io ho trovato così la mia immortalità, come tanti altri.

***

CAPOLAVORO N. 12

Raggiungi la consapevolezza quotidiana, in ogni istante della tua vita, di porre davanti a ogni esperienza, quale essa sia, una visione al di sopra di ogni giudizio, la testimonianza di quanto tu possa soltanto per quel momento essere il mentore della tua percezione migliore, fino al raggiungimento del contatto continuo con la tua anima.

***

Bene, proseguiamo adesso con qualcosa di molto importante nella definizione del proprio Sé, così viene definito in alcune religioni, della propria parte interiore, della propria parte psicologica oppure della riconoscenza, solo ed esclusivamente, del proprio conoscere.

La riconoscenza del proprio conoscere è fondamentale per ogni uomo e ogni donna, per il fatto di poter dare non solo una maggiore aspirazione verso ciò che potrebbe essere indicazione del proprio divenire, ma per qualcosa di molto più interessante per coloro che invece danno, di sé, un aspetto assolutamente migliore nella vita.

L'aspetto non è solo quanto si riferisce alla parte rappresentativa di sé e che viene offerta a coloro che incontriamo o a coloro che conosciamo, ma è data dall'aspetto di quanto si vuole porre verso se stessi, nella considerazione più alta della propria formula, data dallo studio continuo della propria capacità interiore.

Qui vengono date soltanto alcune indicazioni di quale possa essere la vita.

La prima è quella di dover dare assolutamente una cospicua considerazione di ciò che si sta proiettando nel futuro, inteso solo come futuro anteriore, e di dover dare assolutamente una direzione più ideale per quello che è il fluire della propria energia.

Noi siamo coloro che, nella loro vita, lasciano fluire l'energia nel futuro anteriore. Ossia verso quell'aspetto veramente iniziale del nascere del proprio divenire, che non è assolutamente considerato come il favorito verso le indicazioni accuratamente designate per dare solo un cospicuo modo di condurre la vita. No, assolutamente!

Quello che noi vogliamo dare assolutamente in noi stessi è un primo aspetto positivo, ossia considerare quale sia la realtà che noi non dobbiamo subire, ma ridistribuire in equa misura, come energia in ogni direzione della nostra vita.

Allora qui nasce il nostro volere. Il volere di coloro che danno non più spiegazioni, ma solo ed esclusivamente reazioni e azioni al proprio compiere.

Allora tutto potrà essere definito in un solo aspetto, non il mio, non il tuo, ma quello di tutti coloro che daranno solo un cospicuo contributo nei confronti della società, nella direzione della propria capacità, ritorno a dire ancora *capacità*.

Un giorno il tuo titolo di nobile uomo potrà non essere mai riconosciuto, ma questo non dovrà essere, tuo malgrado, un modo per definire la tua insoddisfazione o il tuo insuccesso; dovrà essere soltanto il tuo comprendere quanto possa essere realmente l'unione con il creato.

Qui nasce ancora una volta il tuo dubbio, un dubbio notevole fatto di aculei e morsi continui verso la propria sopravvivenza, ma, in tal caso, ciò non potrà mai trascinarsi dietro un'incomprensione nei confronti di quello che è il tuo rispetto, o verso coloro che reagiranno prontamente nel cercare spiegazioni più interessanti e meno futili di quanto possano essere stati nel loro passato.

Non è compito solo di qualcuno, ma di ognuno di noi, dare sempre ed esclusivamente non risposte che possano aiutare a trovare la giusta direzione, o una giusta considerazione verso ciò che potrebbe essere il potere indefinito di condividere la nostra percezione; bensì esclusivamente le indicazioni di quello che è il giusto per ognuno, senza attribuire nessuna proprietà di linguaggio personale.

So che questa può essere una parte nella quale non è facile dirigerti verso la comprensione.

Vi è un ingarbugliamento continuo di parole che, forse, potrà dare un'analisi non chiara e definita come nei capitoli precedenti, ma proprio questo invece, sarà il modo per sgretolare continuamente e disgregare ogni potenzialità di dare un significato indefinito della conoscenza del proprio io.

Questo non dovrà mai succedere al punto da espropriare ogni pensiero dalla propria mente, ma solo per dare una giusta ed equilibrata direzione verso la realtà.

Vorrei ancora dare alcune indicazioni, in base alle quali non si potrà mai designare solo il proprio pensiero; e questo avverrà esclusivamente sognando un solo obiettivo e una sola direzione che possano essere in qualche modo regalati a ogni persona che incontriamo sul nostro cammino.

Ringrazio infinitamente: questo è un modo assolutamente proficuo di avere un solo fardello da portare nel futuro, che sia prossimo o anteriore. Il fardello è l'unico potere verso un principio creato apposta per la tua persona. Ma quale sia questo principio, questo dovrai scoprirlo da te.

Sì, perché non solo è una virtù, ma è anche un fardello, è un potere continuo che dovrai sempre riconoscere. Muta attraverso le proprie esperienze o i propri studi, creati esclusivamente verso la propria persona.

Ho sentito il tuo cuore quasi fermarsi. Ho sentito il peso affannoso dei tuoi polmoni in questa scalata continua verso la consapevolezza e la conoscenza.
Ma questo non è l'atteggiamento migliore per affrontare la vita, o peggio ancora la spiegazione di essa.

Un importante gioco di ruoli diversi costruirà invece un sapore sublime per la vita, della quale non si potrà mai più sentire la debolezza, bensì l'attrazione continua verso un benessere creato in ogni parte di noi stessi, ove si instaura qualsiasi sopravvivenza e in essa un'unica trasformazione continua, aspettando l'intelligenza più indicata in quel tempo.

Questo è quanto si dovrà percorrere e ripercorrere in ogni direzione. L'incantesimo sarà lanciato, l'insolito modo di destinare un cuore pieno di avventure profetiche sarà realizzato. In un unico modo!

Prendi un semplice foglio di carta bianca dove verranno dapprima circondati i pensieri e poi segna, accuratamente, ogni necessaria gloria creata nella pace del tratto. Di stupefacente interesse, questo modo di vivere! Sii con te e attraverso te.

Iniziamo adesso a parlare di quale sia la fantasia creata dall'uomo. L'uomo può percepire diverse sensazioni, ma della fantasia non ha alcun rispetto. Una fantasia può sembrare quasi pazzia, forse per la rima che formano, ma forse ancor più per non dare spazio alla mente, per non lasciare che possa andare oltre ogni tentazione spirituale di parte, più forte di quanto sia nell'essere umano.

La parte spirituale porta sempre una conoscenza maggiore della propria esistenza, ma questa può essere a volte derisa da tante percezioni diverse che l'uomo può avere. Vogliamo quindi riconoscere, a questo punto, che ci possa essere il sospetto che tutto ciò che viene detto, scritto e fatto sia solo una pura immaginazione, o meglio ancora una mera fantasia esoterica.

Esoterica è solo il termine per spiegare un qualcosa che sta al di fuori di quello che viene considerato terreno, ma è solo la forma, poi maltrattata da quelle menti che possono dare solo un significato molto volgare a un termine che nel tempo più remoto non lo è mai stato.

È necessario comprendere che abbiamo altre percezioni ancora. Una percezione che va al di sopra di quanto un uomo può descrivere in sè stesso; una percezione che non ha alcun riguardo di quanto possa essere stato scritto finora. È la percezione di essere, cioè la percezione di essere vivi di fronte alla propria persona.

Ciò significa non pensare di percepire una sensazione attraverso l'udito, attraverso l'olfatto, attraverso tutti i sensi, ma pensando esclusivamente alla percezione di essere vivi.

Questo viene definito solo ed esclusivamente con unico termine, l'unico sistema che possa essere, in se stessi, riconosciuto come una fonte divina che rimane al di dentro o al di fuori dell'espressione stessa della propria congiunzione con altre anime, ossia zone umane o zone divine, secondo quello che viene tratto in quel momento dalla tua vita.

Quindi la percezione più alta è difficile da definire, ed è quella di essere vivi. Essere vivi vuol dire riconoscere tutte le parti che noi non facciamo mai morire, non solo verso di noi ma anche verso tutti coloro che si avvicinano a noi, anche a chi si avvicina per un semplice invito o per un incontro fugace o, con una semplicità ancora più assoluta, per un acquisto.

Beh, ricordate! Alla fine c'è uno scambio, alla fine c'è sempre uno scambio, in quel caso tra denaro e cosa.
Dove esiste uno scambio c'è un incontro di anime in cui possiamo individuare un soggetto attivo e l'altro meno attivo, o creare

un'azione reale di piacere oppure di dispiacere, non è importante: il fatto è che tra due anime si verificano un incontro e uno scambio di emozioni e sentimenti che l'uomo dovrebbe riuscire a interiorizzare in quell'attimo esatto, in quell'istante dal quale non si potrà tornare indietro, perché quello vuol dire essere a conoscenza dell'essere vivo.

Per ultimo vorrei concludere con un'importante forma di riconoscenza. La riconoscenza di un uomo o di una donna che non lasciano mai nulla a quello che poteva essere riconosciuto solo ed esclusivamente in un incontro.

Vorrei definire quanto un uomo, o una donna, saranno sempre legati a quello che rimarrà di ogni incontro della loro vita, ovviamente se questo è il destino di un rapporto umano. Esso può essere anche distinto, ormai in epoca più avanzata come quella attuale, come quel rapporto tra uomo e donna, tra uomo e uomo e tra donna e donna, che è comunque definibile rapporto d'intimità.

E sulla definizione di intimità vorrei spendere ancora qualche parola. L'intimità è la conoscenza più approfondita, che non prevede ovviamente alcun pregiudizio, di qualsiasi natura, com'è stato detto prima.

Non ha importanza il tipo di rapporto o tra quali persone esso si instauri, una cosa sola è certa: due persone si incontrano e riconoscono ciò che c'è di più intimo in loro, e non verrà definito da quella che è la parte più nascosta del loro corpo, assolutamente no, non è quella la parte che si incontra!

La parte intima è quella parte di sé che non si svela a tutti; è la parte che si svela solo attraverso delle azioni ben precise, che possono ovviamente essere riconducibili a un rapporto che rimane sicuramente più intenso di quello che si instaura verso coloro che si incontrano in modo routinario.

L'intensità è tanto forte quanto è di solito solo ed esclusivamente l'amore. L'amore che può intercorrere per lunghi periodi o anche solo per una notte, non ha importanza, perché ciò di cui si sta parlando è l'incontro intimo tra due persone.

Così esso diventa più forte di ogni altra diversa percezione che si è percepita, la quale non potrà mai essere riconosciuta, in forma uguale, rispetto a quella che era stata riconosciuta in altre persone nella stessa forma.

L'intimità non è una cosa da riferire nemmeno a coloro che si conoscono già. Ma ciò accade. Accade di sentirsi in dovere di dare spiegazioni, o peggio ancora di condividere quello che si è vissuto con altre persone. Dal momento che scaturisce questo bisogno di condividere, oppure questa richiesta di farlo, tutto ciò che di intimo vi era non sarà più tale, sarà come rompere un incantesimo e non dare più alcun valore assoluto a quello che è il rapporto tra due persone.

È un gioco col quale si rompe ogni incantesimo; un gioco che non si ha più quasi alcuna disposizione di ripetere, come se facesse parte della vita di qualcun altro o qualcun'altra.

Tutto allora si trasforma in una qualche leggerezza nei confronti di ogni percezione, ecco quindi riconoscere nient'altro che l'incontro, ecco quindi distruggere tutto quanto è un rapporto caratterizzato da una conoscenza più profonda rispetto a tutte le altre persone che si siano conosciute.

Allora, siate invece coloro che riescono a chiudere dentro di sé i segreti di ogni percezione, che essa sia in forma negativa o positiva o quale altra essa sia, anche di semplice indifferenza, perché ricordate che ogni vostra parte intima è collegata a livello energetico e non solo, anche a livello di pensiero, che si propaga nell'emisfero di ogni pensiero, fino all'unione che non deve essere mai frammentata.

Quindi vorrei ripetere che di fronte a ogni parte intima, a ogni parte legata a una condivisione, che rimane ovviamente maggiore rispetto a quella dell'incontro fugace, siate custodi segreti di un'esperienza, non per coloro che avete incontrato, non per il vostro partner o per voi stessi, ma per giudicare in voi stessi una vostra percezione segreta.

Il terzo punto, anch'esso importante, è il fattore di unione verso coloro che invece hanno dato una luce migliore alla vostra vita. Tuttavia, perché non riconoscere anche quelli che hanno dato una luce inferiore? Questa domanda è più profonda di quello che potrebbe sembrare.

Ebbene, non si può conoscere assolutamente nulla di quello che è più segreto dentro di voi, nulla di quello che potrebbe essere riconosciuto nelle vostre fattezze, se non attraverso un incontro.

Gli incontri negativi possono dare solo ed esclusivamente una spiegazione e soprattutto un'esaltazione, partendo da un punto di base molto al di sotto di quello che invece ci si aspettava al momento di fare gli incontri positivi che rimangono nella nostra vita.

Ma se questa è la forza ideale, quella cioè di essere in buon equilibrio in ogni occasione di conoscenza, in ogni incontro, ecco che tutto viene a vostro piacere, per il rinnovamento continuo della vostra anima.

Il rinnovamento è una ricerca continua, ecco perché abbiamo dato questo spazio agli incontri, ai pensieri che cambiano, ai pensieri che si fortificano ancora di più su alcuni principi e che diventano ancora più forti, e quasi anche folli, su altri che non potevamo neanche immaginare. Di questo ci sarebbe ancora molto da parlare, ma lasciate che queste poche parole vi diano un significato invece di quanto è la vostra vita.

Sarà come percorrere tanti scalini; si spera, ovviamente, soprattutto in salita, verso vette più alte, sempre più in alto rispetto a quanto si è saliti nel passato.

Questo sarà utile a coloro che si chiedono quale sia il motivo del contatto non solo con le persone, ma con ogni libro, con ogni informazione, anche quella che viene tratta da un giornale o da un qualsiasi articolo, qualsiasi comunicazione.

Avviene proprio così, come nell'incontro tra persone. A volte anche solo il titolo, e quindi anche solo l'aspetto esteriore di una persona, ci può attrarre; e poi, in esso, farci incontrare tutto quello che c'è scritto all'interno fino a toccare la nostra parte più interna, che, in qualche modo, riecheggia o si fa sentire dal nostro cuore forte come fuoco ardente, perché quell'articolo, quel libro, quello che abbiamo letto provoca un evolversi di pensieri migliori sulla nostra vita.

Capitolo 5:
Come vivere un'altra vita

Avrei adesso da ricordare quattro punti fondamentali rispetto a ciò che si può definire la riconoscenza della vita.

La riconoscenza della vita ha un punto fondamentale dal quale nessuna percezione può essere mai distolta.

Perché riutilizziamo continuamente questa parola, *percezione*?

La percezione non è altro che la capacità di riconoscere e avvertire, quasi anticipatamente, anche solo di qualche secondo, quello che avviene nella vita.

Non vuol dire predire il futuro, assolutamente! È come quando due persone si incontrano e avviene quella percezione di fronte a chi è davanti a noi, quella sensazione legata a un'emozione che vorrei definire meglio prendendo in considerazione rabbia, contemplazione, allegria o qualsiasi altra emozione. Bene!

Il primo punto è la percezione. Quindi non fatevi mai disilludere dalle parole di chi vi è di fronte, perché per ciò che riguarda la vostra percezione non esiste persona più forte di voi stessi, e quindi non dovrete mai farvi incantare da chi, magari grazie a qualche maestria, sia più forbito nell'uso delle parole, o, magari, così diverso da voi perché semplicemente comunica con più schiettezza o con più pacatezza.

Questo non è importante; ciò che è più importante per voi, più forte, è la percezione che avete di chi avete di fronte indipendentemente da quali pensieri voglia infliggervi, per darvi delle certezze o peggio ancora delle incertezze, per destabilizzarvi fino al punto di agire in base al loro, e dico solo al loro, contributo di forza maggiore.

Il secondo punto dopo la percezione, che rimane sempre il principale, e qui ci vuole molta più ginnastica, molta più capacità di non essere solo attratti dalle parole che si ascoltano, o dalle parole che sentite il bisogno di dire, ebbene, il secondo punto è l'attenzione.

L'attenzione non dà solo l'infatuazione di quello che percepiamo che potrebbe essere quella persona, ma è da intendersi soprattutto verso tutto ciò che la circonda, perché se guardate un solo canale non potrete dire che gli altri sono migliori o peggiori.

Quindi si dovrà dare una direzione costante e continua a quello che è il vostro percepire, perché la percezione può cambiare in base a tensioni diverse; a volte non è solo una persona ma di più e se dovessero essere cento, duecento, trecento le attenzioni si amplificherebbero.

L'attenzione avviene anche su tutto ciò che ci circonda e quindi non potrete rimanere insensibili a quelle che sono, se ci volgiamo al terzo punto, le segnalazioni.

Alcuni vogliono definire il segnale su qualsiasi cosa; ecco, non dobbiamo essere schiavi di questo. Non sono segnali l'incontro di numeri, non sono segnali gli incontri creati da persone che continuamente chiedono di voi, non sono segnalazioni quelle definite esclusivamente da una religione, qualsiasi essa sia, non possono essere segnalazioni addirittura quelle create, altrimenti cadiamo a livello primitivo, dal tempo o le segnalazioni create, cosa ancor più assurda, da quello che dicono gli altri o da chi o cosa si incontra della vita. No! Dobbiamo fare chiarezza in questo.

Le segnalazioni discendono dalla percezione e dall'attenzione. Quindi prima c'è la percezione, poi l'attenzione e da lì l'incontro con le segnalazioni.
Segnalazioni che partono dalla vostra anima, non dalla vostra mente. Sono i punti di riferimento della direzione verso la quale andare. E allora tutto diventa più interessante, più utile.

Non sto dicendo che questi punti siano distaccati tra loro o che uno sia più importante dell'altro, anche se c'è effettivamente una sorta di scala di priorità, ma gli ingredienti di questi tre punti creano una vita veramente fantastica.

L'ultimo di questi quattro punti è l'importanza. L'importanza di quello che date dopo aver percepito, dopo aver avuto queste attenzioni continue, dopo aver avuto queste segnalazioni che non partono solo dal vostro pensiero, ma da tutto ciò che vi circonda.

È vero che le segnalazioni possono destabilizzare, ma alla fine l'importanza sta in quello che date a ciò che accade nella vostra vita, o a ciò che fate accadere nella vostra vita, o a ciò che faranno accadere gli altri nella vostra vita.

Quanta importanza date? Da lì scaturisce ogni cosa, anche, in estremo, le malattie o gli squilibri mentali o, peggio ancora, la lontananza dalla vita.

Molti si fermano alla base dell'importanza di questa o quell'altra cosa, senza nemmeno dare attenzione a tutto il resto, a tutto ciò che è importante. Quindi si riempie o si dà una grande forza all'ego. Perché?

Perché si va in quella direzione o in un'altra, in base all'importanza. Invece, se si facesse più attenzione anche agli altri tre punti, allora le direzioni potrebbero essere molteplici, o più ampie, o più intense, o semplicemente più vive.

E più vivi saranno questi quattro punti e più si manterranno vivi, e più potranno essere le indicazioni importanti; e con questo concludo dicendo: vivete, vivete una vita, questa, l'unica vita che avete e che siate contenti di vivere; e contenti di quante possono essere le indicazioni più importanti per voi.

Quanto siamo attratti? Questa è la domanda che dobbiamo porci. Quanto noi siamo attratti? Più siamo attratti, più ci sentiamo vivi. Ma considera che anche coloro che vogliono fare male sono attratti, comunque e in ugual modo, come coloro che vogliono fare bene.

L'attrazione è ciò che ci spinge da dentro verso fuori. Difficilmente può essere al contrario. E qui ci vuole una grande maestria!
Siamo attratti dal conoscere situazioni nuove, siamo attratti dall'evolversi, dall'incontrare persone, anche solo per conoscere una lingua nuova, siamo attratti dall'andare a guardare negli altri qualcosa che ci sia utile in un certo momento della vita.

E invero, in alcuni momenti dell'esistenza si annullano alcune persone mentre, in altri, si diventa complici di coloro che suscitano l'attrazione in quel momento, in quell'ora, in quel giorno, di quanto si ha di più bisogno.
Ma così allora è facile! Abbiamo trovato il modo di essere tutti ricchi! Probabilmente, ma solo probabilmente!
L'attrazione avviene continuamente da dentro verso fuori. E

quanto da dentro noi vogliamo essere felici? Quanto da dentro vogliamo essere ricchi?

Ed ecco che subentra l'esperienza. Cos'è che ci trattiene, cos'è che non ci fa sentire liberi, quali sono le opportunità cancellate dalla nostra mente?

Nasciamo bambini e bambine attratti da qualsiasi sapere, attratti dalla voglia di conoscere, attratti dalla gioia di vivere ogni incantevole momento. Non voglio sapere cos'è che ha distrutto la tua attrazione verso questa o quell'altra cosa.

Ai bambini e alle bambine lo chiediamo, continuamente, per cercare di aiutarli, ma quando si diventa adulti, ebbene, non vogliamo più sapere.

Tuttavia, da domani, o meglio da oggi, o meglio ancora da questo momento, sentiti attratto da tutto. Dipenderà poi in base a quel che è più congeniale in questo momento della tua vita, in base alla tua libertà mentale, trovare, incontrare e gioire dell'attrazione da te desiderata.

È solo questo il segreto dell'attrazione. Cancella ogni freno, spezza ogni catena, distruggi ogni blocco e ogni attrazione ritornerà come per un bimbo o una bimba, senza alcun freno, senza alcuna paura, senza alcuna voglia di morire. Vai a vivere l'attrazione, è semplice!

Il tuo cuore sa quello che vuole. Un tempo ogni ricordo bello era definito dal cuore. Ogni ricordo, non piacevole, era definito dalla mente.
Ogni divisione che l'uomo vuole porre dentro di sé è il frutto di ciò che si vuole controllare.
L'unico controllo è nel dono che hai, ossia la tua vita. L'unico elemento che non si controlla è la morte.

Tutto ciò che vuoi controllare della tua vita, per essere qualcuno che vuole portare in sé, ovvero spezzare in sé, il solo piacere di incontrare la morte di un tempo o di un'azione o di un amico o del tuo partner, o dei tuoi figli o dei tuoi genitori, o di chiunque sia, non è l'importanza che abbiano loro da morti.

Non è questo il controllo della vita! La natura forse ha un controllo? Il mondo e l'universo hanno un controllo? No! Non ce l'hanno!

Quindi sia in te l'ultimo segreto della vita, o meglio il primo vero segreto del quale bisogna essere padroni, o meglio ancora, maestri nel farlo, ossia liberi.

Un tempo tutto ciò che soppressero era controllo e tutto ciò che era libertà sembrava quasi follia! Ricordalo, ricordalo pensando alla tua storia e alla storia del mondo, anche quella appena trascorsa, quando tutto ciò che era libertà sembrava quasi irreale. Sembrava quasi follia, un tempo, pensare alla libertà. Oggi tutto ciò è possibile. Sei nell'era giusta. Sei nell'era dei miracoli. In te ogni azione può essere un miracolo.

***

CAPOLAVORO N. 13

Sciogli ogni nodo della tua vita, fai un elenco delle sensazioni che hai provato nel passato, quando non vi era nessun controllo di alcun genere, e come potresti ancora oggi vivere se fossi libero.

***

Dopo tali piaceri, vorrei adesso parlare di ciò per il quale si è aspettato abbastanza, e finalmente dare delle spiegazioni. Abbiamo parlato di tanta vita e di come essere capaci di viverla, capaci di compiere ogni azione.

Ma l'uomo e la donna sapranno riconoscere ciascuna di queste cose solo quando comprenderanno meglio i sette punti della morte. E vorrei che si presti molta attenzione nel considerare i veri sette punti della morte.

I sette punti della morte sono ben calibrati tra loro, di uguale importanza e difesa per l'umanità, e ognuno non può escludere l'altro dovendosi trattare tutti in egual maniera per poter dare spiegazione al concetto di morte.

La morte è racchiusa in questi sette punti e in un solo punto ben definito. La morte è morte, su questo non si discute mai. La morte non è un punto di ritorno, ed è bene, tenendo in mente questo, riconoscere i sette punti:

- la morte racchiude solo un volere che non è il proprio, quindi si muore per non aver goduto della vita interiore, che muore prima ancora di essere vissuta;

- si muore per essere accontentati di nuovo, ancora una volta, su quella che è la disgrazia della propria volontà divina;

- si muore per essere rinchiusi solamente nella putrida figura di quella che è la vergogna di fronte a tale capacità di vivere, perché essa non è mai l'importanza maggiore di quello che si vuole riconoscere in quel momento preciso;

- la morte non è, come quarto punto, il solo appiglio di vita riconosciuto, assolutamente! Questo non può essere, perché molte volte si racchiude una vita nella non vita, ma questa non è la morte. La morte viene in un istante, non per vivere un'altra vita;

- il quinto punto è che la morte è solamente nella distruzione della più assoluta riconoscenza per il dono migliore creato per volere della propria capienza, subordinata alla stessa volontà;

- sesto punto è l'essere nel vortice continuo delle speranze ormai distrutte, perché si dà opposizione continua a quello che è distruzione del sentimento interno, fino al raggiungimento della malattia;

- e come settimo punto la morte non è sofferenza, perché la morte è solo trapasso verso quella che è la fine, la fine di quello che si vuole realmente nella conoscenza e nell'attribuzione della volontà.

Pensate che ogni punto sia sofferenza, alla fine! No! No! Affatto! Il seme della morte, dunque questo seme, viene messo solo per dare una spiegazione, perché l'umanità vuole spiegazioni di ogni cosa!

Ora respira. Lascia che i polmoni si aprano, e inspirando ed espirando fuori quest'aria sentirai la vita. Non interrompere mai questo respiro nel quale vi è l'unico potere dell'uomo di riconoscere quando non vi è più la morte.

Gioisci nell'inspirare e, allo stesso modo e senza alcuna differenza, gioisci nell'espirare. Come un dare e un ricevere fondamentali nei confronti tutto ciò che ti circonda, raccogliendo in esso ogni tua esperienza, come il potere divino in te, che divino non è se non è tradotto al cospetto di una vita.
Brinda a questa vita, alza il tuo boccale più in alto, sollevalo

sempre verso l'alto e mai verso il basso, brinda di tutto ciò che ti accade, riempi il tuo calice di quello che di più chiaro e limpido vive dentro di te.

Lascia che tutti i raggi della luce attraversino quel boccale e offrine, perché mai sarà vuoto, offrine continuamente perché mai sarà contaminato.

Offrine continuamente perché mai, ora che tu sai, sarà allontanato dalla tua vista un boccale così pieno e cristallino. Ogni giorno, da adesso in poi, in ogni momento, sorseggia questa tua nuova essenza, sorseggia continuamente, ora che tu sai. Brinda sempre. Brinda portando il tuo boccale in alto perché tu sei così, tu esisti dal primo momento che la luce ti ha dato a questa umanità. Continua così per sempre! Grazie!

Conclusione

Quante volte ti sei identificato in questo libro?

Quanto potrai poter dare attraverso le tue scoperte, ormai utili a tutti coloro che conosci o conoscevi nella tua vita?

Abbi il coraggio di iniziare la tua vita proprio da coloro che non senti così vicini come una volta, è in quel rapporto che puoi trovare qualcosa di forte nella tua esperienza di vita.

A volte si dona un fiore, altre uno sguardo, e ai più fortunati un abbraccio per creare un incontro di anime; ebbene, se ti dicessi che attorno a tutti noi ci sono continui aiuti da parte di chi vuole un'umanità sempre più in collaborazione, attratto da un unico potere divino, senza alcuna spiegazione, razionale o irrazionale?

A volte non è importante credere di essere accompagnati in questa vita per rassicurarci sul nostro operato come genitori, come figli, come amici…

Perché se questo libro ti è stato d'aiuto anche solo leggendo a volte qualche riga, oppure aprendolo a seconda del tuo istinto verso il compimento di un miracolo o di un messaggio utile alla tua vita, ebbene, la sua guida ha dato il meglio di sé per rendere la tua vita un capolavoro.

La fine non può mai essere una vera fine, in ogni ambito della vita e dunque anche in questo libro.

Pensieri espressi nell'incanto di un'anima che risuona della voce eterna e senza tempo dell'universo.

Dopo il racconto del come vivere la vita sarà necessario proseguire per comprendere il miracolo del compiere, passo dopo passo, i punti spiegati in queste pagine.

Il miracolo del compiere sarà il contenuto del nostro prossimo scritto, lì troverai quella pace interiore ricercata ormai da troppo tempo, e raccogliendo ogni esperienza della tua vita sarai pronto a donarti il compimento del tuo miracolo.

Con riconoscenza e gratitudine verso di te, caro lettore, che ci hai seguito fino a questo punto.